FACULTÉ DE DROIT DE PARIS

DES

DONATIONS

ENTRE ÉPOUX

Par Contrat de Mariage

—⚬⚬⚬⚬⚬—

THÈSE POUR LE DOCTORAT

PRÉSENTÉE PAR

Edmond MÉMIN

*L'acte public sur le sujet ci-après sera soutenu le 5 Juin 1897
à 8 heures 1/2 du matin.*

Président :   M. MICHEL, professeur.
Professeur :   M. MASSIGLI.
Agrégé :   M. SALEILLES.

—⟫⚬⚬⟪—

LE MANS

IMPRIMERIE CH. BLANCHET. 6. RUE GAMBETTA

—

1897

FACULTÉ DE DROIT DE PARIS

DES DONATIONS

ENTRE ÉPOUX

PAR CONTRAT DE MARIAGE

DES

DONATIONS ENTRE ÉPOUX

PAR

CONTRAT DE MARIAGE

CHAPITRE PREMIER

**Des différentes donations qui peuvent
être faites
par contrat de mariage.**

1. — On rencontre fréquemment dans les contrats
de mariage, indépendamment des conventions matrimoniales proprement dites, des donations faites en
vue du mariage, soit à l'un des futurs époux par
l'autre, soit aux futurs époux ou à l'un d'eux par un
tiers parent ou non.

Nous nous proposons, dans cette rapide étude,
d'examiner particulièrement les donations que peuvent
se faire les futurs époux, mais nous parlerons tout

d'abord d'une manière générale des donations qui peuvent avoir lieu dans le contrat de mariage.

Ces donations sont de deux sortes :

Les donations ordinaires, régies par les articles 893 et suivants du Code civil (*sauf quelques règles spéciales*),

Et les donations exceptionnellement permises en faveur du mariage, qui sont affranchies, en partie du moins, des règles ordinaires des donations.

Avant d'aborder l'étude spéciale de chacune de ces donations, nous allons indiquer sommairement les règles communes à toutes les donations par contrat de mariage.

Règles communes à toutes les donations par contrat de mariage.

2. — « Les donations, faites par contrat de mariage, « ne pourront être attaquées ni déclarées nulles sous « prétexte de défaut d'acceptation (art. 1.087) ».

C'est une dérogation à la règle prescrite par l'article 932, qui exige l'acceptation de toute donation en termes exprès. Il est utile, en effet, de remarquer que les donations par contrat de mariage, sont dispensées seulement de la solennité de l'acceptation, et non de l'acceptation elle-même, qui est un des éléments essentiels de la donation.

Ici, se présente une question spéciale, dans le cas où un contrat de mariage, contenant des donations en faveur du mariage, viendrait à être annulé. L'annulation du contrat entraîne-t-elle nécessairement la nullité de la donation?

L'affirmative semble incontestable, car la donation contenue dans le contrat n'est pas valable en tant que donation ordinaire et le contrat étant annulé, cette donation ne saurait valoir, que si elle était valable comme donation ordinaire (1).

3. — « Les donations en faveur du mariage, ne « seront pas révocables par cause d'ingratitude « (art. 959) ».

On s'est demandé quel motif avait conduit le législateur à apporter cette dérogation aux principes admis en matière de donation. Ce motif semble être le suivant :

Lorsque la donation n'a pas été faite en vue du mariage, le donateur a entendu faire bénéficier le donataire seul de sa libéralité. Il est donc juste, qu'en cas d'ingratitude de ce dernier, le bénéfice de la donation lui soit retiré. Le donateur lui avait donné une preuve d'affection, il y répond par son ingratitude, il est puni par la perte de la libéralité qui lui avait été faite, rien de plus juste.

Au contraire, les donations faites en faveur du mariage ne s'adressent pas seulement à l'époux donataire, elles sont faites aussi, le plus souvent, avec l'intention d'en faire bénéficier le conjoint pendant la durée du mariage, et encore en vue des enfants à

(1) Cassation, 11 juillet 1853 et 12 juin 1872. Dalloz. 53-1-281 et 72-1-346.

naître du mariage qui recueilleront plus tard le don fait à leur auteur. Par son ingratitude, le donataire coupable aurait donc, en cas de révocation de la donation, compromis les intérêts pécuniaires de son conjoint et de ses enfants, sa faute aurait rejailli sur des innocents. C'est ce que la loi a voulu éviter.

Remarquons toutefois ici, que les donations faites par les futurs époux l'un à l'autre, par contrat de mariage, ne sont pas soumises, d'après l'opinion la plus générale, à l'article 959 ainsi que nous le verrons plus loin.

4. — « Toute donation faite en faveur du mariage « sera caduque, si le mariage ne s'ensuit pas « (art. 1.088) ».

En réalité, toutes les donations faites en faveur du mariage ne sont que des donations conditionnelles.

La condition est ici la conclusion du mariage et si ce mariage n'a pas lieu, la donation tombera, par cela même, mais il est évident que le donateur est lié dès le moment où il s'est engagé dans le contrat, il ne peut plus révoquer la donation qu'il a faite.

Pour rendre définitive la donation, il faut nécessairement un mariage valable, et en cas d'annulation ultérieure du mariage, la donation faite en sa faveur deviendrait nulle également sauf l'application des articles 201 et 202 du Code civil (1).

(1) Laurent, t. XV. n° 170 et 299. — Demolombe Don. t. VI, n° 154 et 255. — Aubry et Rau, t. VIII, p. 57, § 737. — Baudry-Lacantenerie et Maurice Colin. — *Traité du droit civil.* — Donation, t. 2, n° 3,852.

5. — « La donation par contrat de mariage, en
« faveur des époux et des enfants à naître de leur
« mariage pourra encore être faite, à condition de payer
« indistinctement toutes les dettes et charges de la
« succession du donateur, ou sous d'autres conditions
« dont l'exécution dépendrait de sa volonté, par
« quelque personne que la donation soit faite, le dona-
« taire sera tenu d'accomplir ces conditions, s'il n'aime
« mieux renoncer à la donation, et en cas que le dona-
« teur par contrat de mariage se soit réservé la liberté
« de disposer d'un effet compris dans la donation de
« ses biens présents ou d'une somme fixe à prendre
« sur ces mêmes biens, l'effet ou la somme, s'il meurt
« sans en avoir disposé, seront censés compris dans
« la donation et appartiendront au donataire ou à ses
« héritiers (art. 1086) ».

Cet article s'applique-t-il à toutes les donations
faites par contrat de mariage, c'est-à-dire non seulement à la donation de biens à venir et à la donation de
biens présents et à venir, (il s'applique sans aucun
doute à ces donations) mais encore à la donation de
biens présents ?

« L'article semble dire d'abord que les dérogations
qu'il autorise à la règle donner et retenir ne vaut, ne
sont permises que pour les dérogations faites aux
époux et aux enfants à naître. Or, l'article 1081
déclare que la donation de biens présents ne peut avoir
lieu, même en contrat de mariage, au profit des enfants
à naître, d'où, il paraîtrait résulter, que la faveur
accordée par notre article, ne s'applique pas à ces dona-

tions de biens présents. Mais, d'un autre côté, l'article parle d'un donateur qui se réserve de disposer d'un effet compris dans une donation de ces biens présents. Comment expliquer cette contradiction ? »

Marcadé, après avoir ainsi posé la question, la résout en ces termes :

« Notre article nous dit que : « la donation par contrat de mariage en faveur des époux et des enfants à naître, pourra encore être faite sous des conditions dépendant de la volonté du donateur » ; or, on n'a pas voulu dire seulement par là que : « la donation, quand elle s'adresse aux époux et aux enfants à naître, pourra se faire sous des conditions dépendant... » mais aussi que « la donation extensible des époux à leurs enfants à naître peut avoir lieu, quand on la fait sous des conditions dépendant... » En d'autres termes, le but de cette première partie de l'article n'est pas de nous apprendre seulement que la donation peut se faire sous telles conditions quand elle s'étend aux enfants, mais aussi qu'on peut l'étendre aux enfants, quand elle est faite sous ces conditions. Ce qui prouve bien cette vérité, c'est que l'article 18 de l'ordonnance de 1731, auquel la disposition de notre article 1.086 a été empruntée, était rédigé ainsi : « Entendons que *les donations de b'ens présents, faites à condition* de payer indistinctement les dettes et charges, ou sous d'autres conditions dont l'exécution dépendrait... *puissent avoir lieu* dans les contrats de mariage *en faveur des conjoints et de leurs descendants,* par quelques personnes...»

(Le reste comme dans notre article). En comparant l'article de l'ordonnance avec le nôtre, on reconnaît que celui-ci est entièrement copié sur l'autre, sauf qu'on a voulu exprimer la première partie plus brièvement, or on vient de voir que cette première partie déclarait que *les donations de biens présents*, faites sous des conditions potestatives pour le donateur, *pourraient avoir lieu en faveur des conjoints et de leurs descendants.* »

« Les articles 1081, 1082, 1084 et 1086 se résument donc à ceci : En principe, la donation entre vifs ne peut pas se faire au profit d'une personne non encore conçue, (art. 906) et par conséquent, la donation faite à des époux, par leur contrat de mariage, ne peut pas s'étendre à leurs enfants à naître (1081), mais cette donation pouvant avoir pour objet les biens à venir (1082) ou les biens présents et à venir (1084), ou dépendre de conditions potestatives pour le donateur (art. 1086), elle pourra dans ces trois cas, être faite pour les enfants à naître du mariage en même temps que pour les époux eux-mêmes. »

« Ainsi, quand la donation de biens présents est faite purement et simplement, ou que la condition à laquelle elle est soumise est indépendante de la volonté du donateur, c'est le cas de l'article 1081, et la donation ne peut être faite qu'aux époux. Si, au contraire, la donation est faite sous une condition, dépendant de la volonté du disposant, c'est le cas de notre article, et la disposition peut embrasser les descendants du mariage ; on doit même dire, par analogie de l'article 1084, qu'elle les embrasse de plein droit si le contraire n'est pas exprimé. »

« Et, en effet, quand la donation de biens présents se trouve suspendue par une condition potestative pour le donateur, celui-ci est donc libre de ne pas lui donner effet ; en sorte que, cette donation pouvant rester ainsi incertaine jusqu'à la mort de son auteur, elle se rapproche, sous ce rapport, de la donation de biens à venir et c'est sans doute pour cela que la loi a permis d'y appeler les enfants pour le cas où les époux donataires meurent avant le donateur, et avant d'avoir recueilli la libéralité. Nous ne parlons que des conditions suspendant la donation, des conditions suspensives, car, dans le cas de conditions résolutoires, il est clair qu'il n'y aurait pas à appeler les enfants pour recueillir à la place de l'époux prédécédé, puisque le prédécès de cet époux (ainsi qu'on le verra par le numéro suivant et par l'article 1089) ne rendrait pas la donation caduque, mais ferait passer l'objet aux héritiers quelconques du donataire (1) ».

6. — L'article 1086 permet que la donation soit imposée au donataire à condition de payer indistinctement toutes les dettes et charges de la succession du donateur.

(1) *Sic.* Demolombe, Don. t. VI, nº 368. — Laurent, t. XV, nº 283. — Aubry et Rau, t. VIII, p. 56, § 736. — Baudry-Lacontinerie et Colin. — Donations, nº 3,862. — Cassation, 27 décembre 1845.

Contra. — Coin Delisle sur l'art. 1086, nºˢ 3 à 7.

Cette condition pouvant devenir très onéreuse pour le donataire au cas où les dettes de la succession du donateur depasseraient le bénéfice qu'il retire de la donation, la loi autorise le donataire à se soustraire aux conséquences de son acceptation lorsqu'il estime que la donation lui occasionne en réalité un véritable préjudice.

7. — Remarquons la dérogation apportée à l'article 916, par la fin de l'article 1086.

Dans une donation soumise à la règle de l'article 916, le donateur a dit : « Je donne ma ferme de X, mais je me réserve le droit de disposer des prés en faisant partie ».

A son décès, s'il n'a pas disposé des prés, ceux-ci feront partie de sa succession.

Au contraire, dans une donation soumise à la règle spéciale de l'article 1086, si la même stipulation a été faite, les prés reviendront au donataire ou à ses héritiers lors du décès du donateur, si celui-ci n'en a pas disposé.

Nous venons de dire que l'effet ou la somme réservée, reviendrait au donataire ou à ses héritiers. C'est bien ce que dit notre article 1086, mais ce n'est pas tout à fait exact. La grande majorité des auteurs reconnaissent qu'il faut lire « au donataire ou à sa postérité » et que les mots « ou à ses héritiers » sont inutiles ou inexacts.

En effet, l'article 1089 stipule que les donations faites à l'un des époux dans les termes des articles

1082, 1084 et 1086 deviendront caduques si le donateur survit à l'époux donataire et à sa postérité.

Comment expliquer les derniers mots de l'article 1089 ?

Ou l'article suppose que le donataire a survécu au donateur, alors il est évident qu'il transmettra le bénéfice de la réserve à ses héritiers, mais cela va de soi et il était inutile de le dire.

Ou l'article suppose au contraire que le donataire est mort avant le donateur, et alors l'effet, ou la somme comprise dans la réserve n'appartiendront jamais à ses héritiers, en tant qu'héritiers, car le donataire n'ayant eu aucun droit à cet effet ou à cette somme, n'a pu leur en transmettre aucun.

Les héritiers en ligne directe descendante du donataire ne recueillent même pas l'effet ou la somme dont s'agit en qualité d'héritiers, ils le recueillent de leur propre chef comme donataires eux-mêmes.

Le mot héritiers dans l'article 1086 est donc inutile ou inexact.

« Pour expliquer cette erreur, il suffit de rappeler l'origine de notre article 1086, emprunté à l'article 18 de l'ordonnance de 1731, dont la disposition finale renfermait aussi ces mots : *au donataire ou à ses héritiers.* »

« Mais, l'ordonnance n'avait pas soumis ces sortes de donations à la caducité pour le cas de prédécès du donataire, et sous son empire, en effet, l'objet ou la somme compris dans la réserve appartenait aux héritiers du donataire, même prédécédé, lorsque le donateur n'en avait pas disposé. »

« Cela est impossible aujourd'hui, puisque l'article 1089 déclare que la donation sera caduque par le prédécès du donataire ; et, par conséquent, c'est mal à propos que le législateur de 1804, en transportant dans notre code l'ancien article 18, y a laissé subsister ces mots « *ou à ses héritiers* » qui ne sont plus d'accord avec le principe nouveau de caducité qu'il a établi » (1).

8. — On admet généralement que le donateur peut se réserver d'une façon absolue le droit d'anéantir totalement la donation qu'il a faite.

La raison de douter vient de ce que l'article 1086 semble n'avoir autorisé la réserve qu'il permet dans sa dernière partie, que lorsqu'il s'agit d'un effet ou d'une somme fixe à prendre sur les biens présents, mais non pour la totalité des biens composant la donation.

On répond à cela, que ce même article 1086, autorise les donations sous condition potestative de la part du donateur et que la faculté que s'est réservée le donateur, d'anéantir totalement la donation qu'il a faite, est bien une condition potestative (2).

9. — D'autre part, il est bien évident que les con-

(1) Demolombe. — Don. t. VI, n° 385.
(2) Aubry et Rau, t. VII, p. 56, § 736. — Baudry, Lacantinerie et Colin, Donat., t. II, n° 3,869. — Agen, 21 novembre 1860. Pau, 20 juillet 1881.

ditions permises par l'article 1086, étant tout à fait spéciales, doivent être limitées exactement à la partie de la donation qui en est affectée.

« Quant à l'autre partie, elle conserve le caractère et les effets qui lui appartiennent d'après le droit commun, c'est-à-dire que ce caractère et ces effets varient, suivant qu'elle constitue une donation de biens présents, une donation de biens à venir ou une donation cumulative » (1).

§ 1ᵉʳ. — Donations ordinaires de biens présents.

10. — La donation de biens présents est celle qui correspond la plus exactement à la définition de l'article 894.

« La donation entre-vifs, dit cet article, est un acte par lequel le donateur se dépouille actuellement et irrévocablement de la chose donnée en faveur du donateur qui l'accepte.

D'après l'article 1081, toutes donations entre-vifs, de biens présents, quoique faites par contrat de mariage aux époux ou à l'un d'eux est soumise aux règles générales prescrites, pour les donations faites à ce titre.

L'article ajoute : « Elle ne pourra avoir lieu au profit des enfants à naître, si ce n'est dans les cas énoncés au chapitre VI du présent titre.

(1) Baudry-Lacantinerie et Colin. Donat. t, II, n° 3,873.

La donation de biens présents, quoiqu'elle soit faite par contrat de mariage, doit donc être considérée comme une donation entre vifs ordinaire, elle conserve dans le contrat de mariage son caractère propre, elle y reste soumise aux règles générales des donations entre-vifs, à l'exception toutefois des modifications communes à toutes les donations par contrat de mariage que nous venons d'examiner.

11. — La donation de biens présents, par contrat de mariage, produit, par suite, les mêmes effets que toute donation entre-vifs.

D'où il résulte que :

1° Le donataire est saisi actuellement et irrévocablement de l'objet de la donation, le donateur est dessaisi et est tenu de faire délivrance des biens donnés, dès le jour de la célébration du mariage.

Il ne faut cependant pas prendre à la lettre les mots actuellement et irrévocablement, car alors il faudrait admettre, d'une part que la tradition qui fait l'objet de la donation, est nécessaire à sa validité, qu'elle n'est pas parfaite, si le donataire n'a pas été mis en possession de la chose donnée, et d'autre part que la donation n'est pas valable si elle est faite, soit sous une condition potestative de la part du donateur, soit même sous une condition purement casuelle. Or ce serait mal interpréter le texte.

Ce que la loi veut, c'est que le droit du donataire soit un droit réel, au moins à terme ou conditionnel, et non pas une simple espérance.

2° La donation n'est pas caduque par le prédécès de l'époux donataire, qu'il laisse ou qu'il ne laisse pas d'enfants du mariage. Le droit est en effet acqu's par le fait même de la donation d'une manière irrévocable, il ne saurait donc être question de caducité.

3° Elle ne peut pas être faite sous des conditions dépendant pour l'exécution de la seule volonté du donateur, ni sous la condition d'acquitter d'autres dettes ou charges que celles qui existaient à l'époque de la donation, ou qui seraient exprimées, soit dans l'acte de donation, soit dans l'état qui devrait y être annexé (art. 944 et 945).

Notons cependant que l'article 1086 permet de déroger aux articles 944 et 945, mais dans ce cas la donation de biens présents est absolument modifiée, tant dans sa nature que dans ses effets. Le donateur ne s'étant pas dépouillé irrévocablement, la donation ne deviendra parfaite que par la mort du donateur, car jusqu'à cette époque, celui-ci a toujours la faculté de reprendre ce qu'il a donné.

4° Lorsque la donation comprend des biens susceptibles d'hypothèque, elle est soumise à la formalité de la transcription ; de même, si elle comprend des objets mobiliers, on doit y joindre un état estimatif.

5° La donation enfin, ne peut avoir lieu au profit des enfants à naître.

On s'est demandé pourquoi le législateur avait tenu à rappeler cette dernière conséquence dans le deuxième alinéa de l'article 1081. Car il semble que cela va de soi, qu'une donation actuelle et irrévocable ne puisse être faite éventuellement aux enfants à naître, et le législateur n'a certainement pas entendu dire cela.

Alors le deuxième alinéa de l'article 1081, signifie donc qu'il ne pourra être fait aucune donation directement aux enfants à naître, c'est-à-dire, au néant, suivant l'expression de M. Demolombe.

Bien que cela puisse paraître extraordinaire, c'est en effet ce qu'a entendu prohiber le législateur.

La faveur des donations par contrat de mariage avait poussé l'ancien droit jusqu'à cette exagération de permettre les donations de biens présents au profit des enfants à naître.

Le Code ne pouvait maintenir cette disposition (1).

12. — A la défense de faire une donation au profit des enfants à naître du mariage, l'article 1081 apporte une exception pour les cas énoncés au chapitre VI du titre des *donations entre-vifs et des testaments*.

Les articles 1048 et suivants, contenus dans ce chapitre, ont trait à la substitution fidéicommissaire, mais la charge de conserver et de rendre aux enfants nés et à naître au premier degré seulement des donataires, objet de cette substitution, ne peut être imposée que par les père et mère envers leurs enfants et par les frères et sœurs, envers leurs neveux et nièces, lorsqu'ils ne laissent pas d'enfants.

(1) Ordonnance de 1731. — Coutumes de Berry et de Nivernais. — Furgole, Brodeau sur Locret. — Bonnet, t. 1, nᵒˢ 226-227. — Demolombe, Don., t. VI, nᵒ 267.

Il résulte, de ce qui vient d'être dit, que tous ceux qui peuvent faire une donation de biens présents, par contrat de mariage ne pourraient pas y ajouter la charge de conserver et de rendre.

13. — Nous avons dit plus haut qu'en principe la donation de biens présents par contrat de mariage était soumise aux règles générales prescrites pour la donation entre-vifs ordinaire. Nous avons conclu de cela que les articles 944, 945 et 946, s'appliquaient à cette donation.

Or, l'article 947 déclare que les quatre articles précédents ne s'appliquent pas aux donations dont il est mention aux chapitres VIII et IX du même titre.

Mais dans ce chapitre VIII se trouve l'article 1081.

Il résulterait donc de cela que les articles 944, 945, 946, ne s'appliqueraient point aux donations dont il est parlé à l'article 1081, et que par suite ces donations ne seraient pas soumises aux règles générales prescrites pour les donations entre-vifs ordinaires.

Voici la réponse que M. Demolombe fait à cette objection :

« Sans doute, les articles 944, 945 et 946 ne s'appliquent point aux donations dont est mention dans le chapitre VIII, en ce sens que l'insertion, dans ces donations, des clauses prévues par ces articles ne les rendent pas nulles.

« Ces donations sont donc valables même avec les clauses prévues par ces articles.

« Mais comment sont-elles alors valables et quels en sont les caractères et les effets ?

« Ceci est autre chose ! et il est évident qu'elles ne peuvent valoir dans ce cas comme donations entrevifs de biens présents, dans les termes de l'article 1081.

« Elles ne valent donc plus que comme des donations faites sous des conditions dont l'exécution dépend de la volonté du donateur, dans les termes de l'article 1086. »

« Cette altération du caractère de la donation de biens présents la fait passer de la première espèce des donations par contrat de mariage qui est l'objet de l'article 1081, dans la quatrième espèce qui est l'objet de l'article 1086. »

« Et par conséquent l'article 1089 est alors aussi applicable; d'où il suit qu'elle serait caduque par le prédécès du donataire (1). »

§ 2. — Donations exceptionnellement permises en faveur du mariage.

14. — Outre les donations de biens présents, le contrat de mariage peut encore renfermer des donations d'un genre différent, donations qui sont exceptionnellement permises en faveur du mariage et qu'on

---

(1) Nous verrons plus loin que cette dernière affirmation n'est pas tout à fait exacte et que les donations permises par l'article 1086 ne sont pas toujours révocables en cas de prédécès du donataire.

ne trouve nulle part en dehors du contrat de mariage ; elles sont affranchies de la règle ordinaire des donations « donner et retenir ne vaut ».

Ces donations sont de plusieurs sortes, mais toutes se distinguent des donations de biens présents par les deux particularités suivantes :

1° Elles deviennent caduques si le donataire survit à l'époux donateur et à sa postérité (art. 1089).

2° Elles sont toujours dans le cas de survie du donateur, présumées faites au profit des enfants et descendants à naître du mariage (art. 1082).

Caducité en cas de survie du donateur au donataire et à sa postérité.

15. — Le motif qui a guidé le donateur, est l'affection qu'il porte au donataire, c'est lui qu'il a entendu faire profiter de la donation, et dès lors, si celui-ci vient à décéder avant le donateur, le motif qui a déterminé la donation n'existant plus, il est naturel que cette donation ne reçoive pas son exécution.

Le même motif existe bien aussi dans la donation de biens présents, mais dans cette dernière donation, le donateur s'est dépouillé irrévocablement des biens donnés dès l'instant de la donation, le donateur a eu la liberté d'en disposer comme bon lui semblait, il n'y a donc plus ici la même raison de caducité ou plutôt de révocation en cas de prédécès du donataire.

16. — L'article 1089, qui édicte la caducité des donations faites à l'un des époux dans les termes des

articles 1082, 1084 et 1086 pour le cas de survie du donateur, est trop général en ses termes, car en réalité, toutes les donations permises par l'article 1086, ne deviennent pas caduques par le fait du prédécès du donateur. *ou*

Si je vous donne mon domaine, en stipulant que cette donation sera non avenue pour le cas où je viendrais à me marier, vous aurez la propriété des biens donnés au moment même de la donation, propriété résoluble il est vrai, mais qui produira ses effets tant que je ne me marierai pas. Si vous venez à mourir avant moi, alors que je ne suis pas marié, les biens donnés ne cessent pas de faire partie de votre succession et au moment de mon décès, la propriété devient définitive sur la tête de vos héritiers, si je suis décédé sans m'être marié.

Le prédécès du donataire ne produit donc pas ici la caducité de la donation.

Il en est de même au cas où je me suis réservé le droit de disposer d'un effet ou d'une somme quelconque, faisant partie des biens donnés. Tant que je n'en ai pas disposé, vous en êtes propriétaire, et ici encore, votre prédécès ne rendrait pas la donation caduque.

Les donations sont présumées faites au profit des enfants et descendants à naître du mariage.

17. — En cas de survie du donateur, les donations exceptionnellement permises par contrat de mariage sont présumées faites au profit des enfants et descendants à naître du mariage.

Le caractère de la vocation des enfants à naître est une substitution vulgaire tacite. On présume que l'intention du donateur n'est pas seulement d'avantager le conjoint qu'il institue, mais encore ses enfants et de les préférer à tous ses parents, et que l'autre conjoint qui s'est marié en considération de cet avantage a compté que dans tous les cas ses enfants en profiteraient.

L'idée de transmission admise par quelques auteurs n'est pas exacte, car l'époux donataire qui meurt avant le donateur ne peut rien transmettre, puisque son prédécès rend, en ce qui le concerne, la donation caduque.

Les enfants à naître du mariage sont donc donataires personnels, par suite d'une substitution vulgaire, soit expresse lorsque le donataire s'en est expliqué, soit tacite quand il n'a rien dit.

Et l'instituant est lié envers les enfants à naître comme envers l'époux lui-même ; ils sont en effet institués comme l'époux, et l'instituant ne pourrait pas, par suite même d'accord avec l'institué, détruire le droit éventuel des enfants (1).

18. — Mais le donateur peut-il exclure les enfants à naître du mariage, du bénéfice de la donation ?

(1) Merlin — Duranton, t. IX, n° 688. — Troplong, t. IV, n° 2357. — Demolombe, Don. t. VI, n° 287. — Toulouse, 3 juin 1825.

Assurément oui, car la loi présume seulement les intentions de l'instituant et cette présomption tomberait devant la manifestation d'une volonté contraire. L'article 1082 dit en effet : « La donation sera présumée faite »... Le donateur a par suite toujours le droit, dans une clause formelle de la donation, d'exclure les enfants à naître du bénéfice de la disposition.

Les autres s'accordent en général à le reconnaître (1).

Par contre, le donateur ne pourrait pas exclure les époux et ne donner qu'aux enfants à naître, car la loi n'autorise l'institution de ceux-ci que subsidiairement à celle de leurs parents (2).

19. — Le donateur ne pourrait pas non plus donner seulement à quelques-uns des enfants à naître, en excluant les autres, ou les appeler à la donation pour des parts inégales, car les enfants doivent être tous appelés à profiter du bénéfice de la disposition ou en être tous exclus.

Mais ce que le donateur pourrait faire ce serait de se réserver le droit, en cas de prédécès du donataire, de distribuer lui-même les biens inégalement et comme il l'entendrait aux descendants de celui-ci ou même de

(1) Delvincourt, t. II. p. 140. — Duranton, t. IX. n° 677. — Vazeille, art. 1082, n° 5. — Poujol, art. 1082, n° 3. — Zachariæ, Massé et Vergé, t. III, p. 323. — Demolombe Don., t. VI, n° 288. — Aubry et Rau, t. VIII, p. 68, § 739. — Laurent, t. XV, n° 205. — Baudry-Lacantinerie et Colin, Don. t. II, n° 3894.

(2) Demolombe. Don. t. VI, n° 289. — Aubry et Rau, t. VIII, p. 70, § 239.

les donner en totalité à celui d'entre eux qu'il voudrait désigner alors. Il est évident, que dans ce cas, ce serait tout simplement dire qu'il entend reprendre ces biens, dans ce cas de prédécès pour en faire alors tel usage qu'il lui plaira. Remarquons toutefois que la promesse d'une donation future aux enfants n'aurait rien d'obligatoire (1).

20. — La loi emploie le mot enfants dans le premier alinéa de l'article 1082, mais il faut généraliser, dit

(1) Aubry et Rau, t. VII, § 739, note 30, — Demolombe. Don. t. VI, n° 290. — Laurent, t. XV, n° 204. — Colmet de Santerre, t. IV, n° 255 *bis.* III. M. Baudry-Lacantinerie *(Traité de droit civil des donations)* indique M. Colmet de Santerre comme étant d'un avis contraire.

Voici ce que dit l'éminent doyen honoraire de la faculté de Droit de Paris :

« Seulement pour priver les enfants de la qualité éventuelle de donataires, il faut les en priver tous et il ne serait pas permis de réserver cette qualité à quelques-uns d'entre eux exclusivement aux autres. Il ne faut pas en effet oublier qu'on raisonne sur une libéralité qui viole les règles les plus importantes des donations, que par conséquent il ne faut autoriser aucune convention en dehors des termes mêmes de la loi ; or, ce que la loi autorise, c'est la vocation des enfants à naître du mariage, et rien ne serait plus contraire à l'esprit général du Code civil manifesté par l'article 1050, que la disposition qui préférerait certains enfants, les mâles par exemple, aux autres descendants du même père et de la même mère. »

Où voit-on dans ce qui précède une opposition quelconque avec l'opinion que nous avons émise ?

Lorsque le donateur s'est réservé le droit en cas de prédécès du donataire de reprendre les biens donnés pour les distribuer inégalement, nous disons que cette clause équivaut en somme à celle qui prive les enfants de la qualité éventuelle de donataires, or, c'est précisément ce que dit aussi M. Colmet de Santerre.

M. Colmet de Santerre et admettre qu'il s'agit des descendants en général ; cela résulte de la fin de l'article qui, sous entendant la vocation des enfants ou descendants, reconnaît sans aucun doute au disposant le droit d'appeler expressément la postérité à tous les dégrés de l'époux donataire.

Sous la dénomination d'enfants à naître du mariage, il faut d'ailleurs comprendre les enfants déjà nés qui seraient légitimés par le mariage en faveur duquel la donation serait faite par argument de l'article 333 (1),

Par contre, l'article 1089 parlant de la postérité, l'enfant adoptif n'y serait pas compris ; conclusion d'ailleurs conforme aussi à la volonté vraisemblable du donateur.

21. — Dans les enfants que vise le paragraphe deuxième de l'article 1082, doit-on comprendre les enfants que le donateur a eus d'un mariage antérieur ou qu'il pourrait avoir d'un mariage postérieur ?

Cette question est très délicate et mérite d'être examinée attentivement.

En ce qui concerne les enfants issus d'un mariage antérieur, tous les auteurs sont d'accord pour reconnaître qu'ils ne sauraient être appelés à profiter du bénéfice de l'institution.

Pour ce qui est des enfants issus d'un second mariage, le même accord n'existe pas, bien que la grande

(1) Demolombe. Don. t. VI, n° 292.

majorité des auteurs se prononce, ici encore, pour la négative.

« Cela nous paraît certain (de ne pas admettre les enfants issus d'un second mariage au bénéfice de l'institution), dit M. Demolombe, malgré le dissentiment de certains auteurs dans notre ancien droit dont les uns accordaient le bénéfice de la donation aux enfants d'un second mariage; si le premier, en faveur duquel la donation avait été faite, avait été stérile (Chabrol sur la Cout. d'Auvergne, chap. XIV, art. 17) et dont les autres distinguaient si la donation avait été faite à l'époux donataire par son ascendant, ou par tout autre donateur; pour en refuser, dans le second cas, le bénéfice aux enfants d'un subséquent mariage, et le leur accorder au contraire dans le premier cas par ce motif que ces enfants, quoique issus d'un autre mariage, étaient les petits-enfants du donateur (Lebrun, des successions, livre III, chap. II, v⁰ 12). Il est vrai, mais ce n'est pas en faveur du mariage dont ils sont issus, que leur ascendant a fait la donation, et il se peut qu'il n'eut pas voulu la faire en faveur de ce mariage, qui peut-être a désolé son cœur et trompé ses espérances ! aussi cette thèse nous paraît-elle inacceptable quoique la Cour de Bourges l'ait encore admise dans notre droit nouveau. »

Nous ne partageons pas entièrement l'avis de M. Demolombe sans cependant méconnaître la valeur de ses arguments.

Peut-être y a-t-il ici une distinction à faire.

Lorsque la donation a été faite aux deux époux, il est

à supposer, que c'est en faveur de ce mariage spécialement et non en faveur d'un mariage en général, que la donation a été faite et dans ce cas, l'opinion de M. Demolombe nous semble incontestable.

Mais il en est rarement ainsi. Le plus souvent, la donation est faite à l'un des futurs époux seul, par des parents ou des amis personnels. Elle est faite en faveur du mariage sans doute, mais est elle faite uniquement parce que le gratifié épouse telle personne plutôt que telle autre, c'est ce qu'il est bien difficile de savoir. Il est donc juste de s'en tenir à l'intention de la loi. Or, la loi voit avec faveur le mariage en général, et ne peut s'occuper des convenances personnelles de chaque individu.

Pourquoi, dès lors, prétendre que les enfants, issus d'un second mariage, doivent être exclus du bénéfice de la donation? Ne sont-ils pas aussi chers au donataire que les enfants issus du premier mariage? D'un autre côté, si le donateur avait voulu faire bénéficier de sa libéralité seulement les enfants issus du premier mariage, n'avait-il pas deux moyens pour un de le faire : gratifier conjointement les deux futurs époux, ou stipuler que sa libéralité ne profiterait qu'aux enfants issus du mariage d'entre les deux donataires?

Les enfants issus du second mariage doivent donc être admis à bénéficier de la donation.

C'est ce qu'a décidé un arrêt de la Cour de Paris du 18 Août 1866, confirmé par un arrêt de la Cour de Cassation du 29 Juillet 1867.

« Considérant, dit cet arrêt, que le droit de retour

« au donateur ou à ses héritiers n'a été stipulé que
« pour le cas du décès de la donataire sans enfants
« ou du décès de ses enfants sans postérité, et que si
« la demoiselle X... n'a pas eu d'enfants de ses
« premières noces, elle a laissé de son mariage avec
« J..., ceux qui plaident aujourd'hui contre C...
« Que la donation de Chomel-Montfort a été faite sans
« doute en considération du mariage de la demoi-
« selle X... avec B..., que, par conséquent, la
« libéralité fut devenue caduque si le mariage ne
« s'en fut pas suivi, mais qu'elle étendait ses prévi-
« sions au delà du mariage lui-même, en embras-
« sant dans sa disposition absolue la future et ses
« descendants sans distinction entre eux. Que l'ex-
« pression de descendants y étant employée dans son
« acception la plus étendue, ne doit subir aucune
« restriction, et comprend dès lors toute la postérité
« de la donataire. Que si le donateur eut eu l'intention
« de limiter le bénéfice de sa libéralité, aux enfants
« à naître du mariage qu'elle avait particulièrement
« en vue et à leur postérité, il n'eut pas manqué d'en
« exclure les autres descendants, et que, du moment
« où il associe dans ses vues d'avenir, la mère et les
« enfants, sans autre mobile que son affection pour
« la future, il n'y a aucune raison de lui supposer
« l'intention de créer parmi ces enfants une classe
« particulière de privilégiés. »

§ 3. — Des diverses espèces de donations exceptionnellement permises par contrat de mariage.

On distingue trois sortes de donations exceptionnellement permises par contrat de mariage.

1° Les donations de biens à venir ;

2° Les donations cumulatives de biens présents et à venir ;

3° Les donations faites sous des conditions potestatives de la part du donateur.

Donations de biens à venir.

22. — La donation, de biens à venir connue dans l'ancien droit sous le nom d'institution contractuelle est un don irrévocable de succession ou de partie de succession fait dans un contrat de mariage au profit de l'un des deux époux, ou au profit des deux conjointement, ou des enfants qu'ils doivent avoir ensemble.

Elle est régie par les trois articles suivants :

Article 1082. — Les père et mère, les autres ascendants, les parents collatéraux des époux et même les étrangers pourront, par contrat de mariage, disposer de tout ou partie des biens qu'ils laisseront au jour de leur décès, tant au profit desdits époux, qu'au profit des enfants à naître de leur mariage, pour le cas où le donateur survivrait à l'époux donataire.

3

Pareille donation, quoique faite seulement au profit des époux ou de l'un deux, sera toujours dans ledit cas de survie du donateur, présumée faite au profit des enfants et descendants à naître du mariage.

Article 1083. — La donation dans la forme portée au précédent article sera irrévocable, en ce sens seulement, que le donateur ne pourra plus disposer à titre gratuit, des objets compris dans la donation, si ce n'est pour sommes modiques à titre de récompense ou autrement.

Article 1089. — Les donations faites à l'un des époux dans les termes des articles 1082, 1084 et 1086 ci-dessus deviendront caduques si le donateur survit à l'époux donataire et à sa postérité.

23. — La donation de biens à venir tient ainsi le milieu entre la donation entre-vifs, et la donation testamentaire.

De la première, elle a le caractère d'irrévocabilité.

Elle se rapproche de la seconde, en ce qu'elle a pour objet des biens à venir, tout ou partie du patrimoine que le donateur laissera lors de son décès.

24. — « La donation de biens à venir répond parfaitement aux besoins de la situation qu'elle est appelée à satisfaire, dit M. Demolombe. »

Après avoir montré que la donation de biens présents répugne souvent au donateur par suite du dessaisissement actuel, et qu'une disposition testamentaire ne peut donner aucune sécurité aux futurs époux, il ajoute :

« Ce qu'il faut, en conséquence trouver, c'est une combinaison qui, sans dessaisir actuellement le disposant de la propriété de ses biens, en assure pourtant la transmission aux époux pour l'époque de sa mort avec une suffisante garantie d'irrévocabilité. »

« Eh bien, c'est précisément cette combinaison que l'institution contractuelle réalise ».

« Aussi, sommes-nous surpris de voir qu'elle ne soit pas plus pratiquée, car sans admettre, comme quelques-uns semblent le croire, qu'elle tende à disparaître de nos mœurs, nous pensons, en effet, qu'elle n'a pas conservé dans notre droit moderne, toute la faveur qu'elle avait obtenue dans l'ancien droit et que son évidente utilité semblait devoir lui assurer toujours. »

Les avantages de la donation de biens à venir sont incontestables, mais il est non moins évident qu'elle est peu pratiquée et qu'elle tend de plus en plus à disparaître, les archives des notaires en font foi, et parmi ceux-ci beaucoup au cours de leur exercice ne seront jamais appelés à l'établir dans un seul contrat de mariage. Les raisons de cette défaveur sont bien difficiles à donner, elles doivent être multiples. Nous croyons cependant que les principales sont pour le donateur, la répugnance de disposer dès maintenant de sa succession future; pour le donataire, le peu de certitude que lui confère la donation au point de vue pécuniaire.

Le donateur, en effet, ne peut plus disposer des biens

donnés à titre gratuit, si ce n'est pour des sommes modiques, à titre de récompense ou autrement, il est lié absolument envers le donataire, il ne possède plus sur les biens, objets de la donation, qu'un droit de propriété incomplet qui s'allie mal avec nos idées actuelles. Mais, dira-t-on, une donation de biens présents enlevant au donateur la propriété complète des biens donnés, notre donation est donc encore préférable pour lui. Sans doute, mais il importe de remarquer que le plus généralement la somme, ou le bien donné actuellement ne formera pas la majeure partie du patrimoine du donateur. Celui-ci a calculé au moment de la donation qu'il pouvait la faire sans un trop grand sacrifice et s'il a donné une partie de sa fortune, le reste est à lui, entièrement à lui, il en disposera par la suite comme bon lui semblera.

Le donataire fait le même raisonnement en sens inverse. N'est-il pas préférable pour lui de posséder de suite un droit actuel qui lui permettra de supporter les charges du ménage ou d'aborder une entreprise quelconque, que d'avoir un droit éventuel sur des biens plus importants, il est vrai, mais un droit qui ne pourra lui faire obtenir aucun crédit et qui ne se réalisera peut-être jamais.

C'est pourquoi croyons-nous, les contrats de mariage renferment très fréquemment des donations de biens présents et presque jamais des donations de biens à venir.

24 *bis.* — On nomme promesse d'égalité, la clause

par laquelle un père promet, dans le contrat de mariage de l'un de ses enfants, de ne pas avantager ses frères ou sœurs à son préjudice, ce qui revient à dire : que le père s'engage envers l'enfant qu'il marie, à ne pas le dépouiller de sa part héréditaire dans la quotité disponible, pour la donner à un autre de ses enfants.

La promesse d'égalité est en somme une forme pratique de la donation de biens à venir. C'est une donation de biens à venir au profit de l'enfant pour sa part dans la quotité disponible, et par suite elle ne saurait faire obstacle à ce que le père disposât à titre onéreux de la part héréditaire de l'institué dans la quotité disponible.

Il est même généralement admis que le père a le droit de disposer, même à titre gratuit dans les termes de droit commun au profit d'étrangers, et qu'il a également le droit de disposer, au profit de ses autres enfants ou descendants, de tout ce qui excède la part héréditaire de l'institué dans la quotité disponible (1).

Supposons un père ayant trois enfants, qui a promis, en mariant l'aîné, l'égalité dans son contrat de mariage. A son décès, il laisse 60,000 fr., la quotité disponible est donc de 15,000 fr. Si le père a légué 15,000 fr. à un étranger, l'enfant, auquel la promesse a été faite, n'a rien à dire. De même, il n'aura pas non plus le droit de se plaindre, si son père, lui laissant sa

(1) Cassation, 11 février 1879. — Dalloz, 79, 1, 297, 22 février 1887. Dal. 88, 1, 128. — Demolombe Don. t. VI, n° 306. — Aubry et Rau, t. VIII, p. 89 et 91 § 739. — Huc, t. VI, n° 461.

part héréditaire dans la quotité disponible (5,000 fr.) a légué le surplus par préciput et hors part à l'un de ses autres enfants.

Il aurait seulement le droit de réclamer si le père avait légué plus de 10,000 fr. par préciput et hors part, parce qu'alors il serait privé d'une partie de sa part dans la quotité disponible.

Cette opinion, d'après laquelle la promesse d'égalité ne serait qu'une donation de biens à venir restreinte, n'est pas universellement admise.

D'après certains auteurs, et quelques décisions judiciaires, la promesse d'égalité équivaudrait absolument à l'institution contractuelle faite en termes formels.

Par suite, conformément à l'article 1083 du Code civil, toute libéralité, soit en faveur des autres enfants, soit même au profit d'étrangers qui préjudicierait à la promesse d'égalité, demeure interdite au disposant(1).

Ces deux opinions nous semblent trop absolues, et nous préférons nous rallier à une troisième qui proclame que la portée des clauses qualifiées, promesses d'égalité ne saurait être fixée d'une façon générale et absolue. Ce qu'il faut voir avant tout en effet, c'est l'intention du disposant telle qu'elle ressort des circonstances ou des termes de la disposition. Il y a donc là une question de fait qu'il appartient aux juges d'apprécier et suivant les circonstances, ils décideront

(1) Merlin. Inst. Cont. § 6. n° 3. — Duranton, t. IX, n°s 655 et suiv. — Coin-Delisle. l'art. 1082. — Limoges, 20 février 1844 et 23 juillet 1862. Dal, 62, 2, 213, — Libourne, 18 décembre 1860. — Bordeaux, 20 janvier 1863. Dal, 63, 5, 126.

si la clause doit être considérée comme une institution
contractuelle faite en termes formels, ou si elle doit
seulement produire les effets plus restreints d'une
simple promesse d'égalité (1).

25. — Il existe des différences considérables entre
la capacité requise pour disposer par donation entre-
vifs et celle de disposer par testament.

Certaines personnes, en effet, peuvent faire un testament valable, mais sont incapables de faire une
donation entre vifs.

Ainsi notamment :

Le mineur âgé de plus de 16 ans, et la femme mariée, qui peut tester sans aucune autorisation, mais
qui ne peut pas faire une donation entre-vifs sans
l'autorisation de son mari.

L'individu pourvu d'un conseil judiciaire, qui peut
tester sans l'assistance de son conseil, mais auquel
cette assistance est nécessaire pour donner entre-vifs.

En ce qui concerne la capacité des personnes dans
une donation de biens à venir, exigera-t-on la capacité
de faire une donation entre-vifs, ou se contentera-t-
on au contraire de la capacité de faire un testament?

C'est qu'en effet, la donation de biens à venir res-
semble à la fois à la donation entre-vifs et au testament, elle emprunte certains principes, à l'un et à

(1) Laurent, t. XV, n° 250. — Aubry et Rau, t. VIII, n° 739.
— Demolombe, Don. t. VI, n° 304. Cassation. 3 janvier 1843. —
Sir, 43-1-329, 10 mars 1884. Dal, 851-108. Orléans. 30 mars
1892. Dal. 93, 2, 330.

l'autre et dès lors on peut se trouver embarrassé pour la capacité à exiger.

Il faut décider cependant que pour faire une donation de biens à venir, il faut être capable de faire une donation entre-vifs, car la loi a permis à certaines personnes de faire un testament alors qu'elles ne peuvent pas faire une donation entre-vifs parce que le testament est toujours révocable, mais la donation de biens à venir est au contraire irrévocable en ce sens, que le donateur ne peut plus disposer à titre gratuit des biens qui y sont compris.

C'est donc le caractère de donation entre-vifs qui doit ici prévaloir.

26. — Nous arrivons à une question importante ! A quelle époque doit être requise, dans les donations par contrat de mariage, la capacité de donner et de recevoir ?

Trois systèmes sont en présence :

Premier système. — Il faut appliquer ici, sous le rapport de la capacité de disposer et de recevoir, les mêmes règles qu'aux testaments, en conséquence.

La capacité du donateur est seule exigée à l'époque de la donation, peu importe que le donataire soit capable ou non.

La capacité du donateur et du donataire est exigée de chacun d'eux lors du décès du donateur.

Ce système a été défendu par M. Demante, qui depuis, s'en est départi.

Il était en effet inadmissible. La donation des biens à venir est une convention, un contrat exigeant l'acceptation du donataire, car nous avons vu plus haut que les donations par contrat n'étaient dispensées que de la solennité de l'acceptation et non de l'acceptation elle-même. Donc, pour que la donation soit valable, il faut la capacité du donataire aussi bien que celle du donateur au moment de l'acceptation.

Deuxième système. — La capacité du donateur et du donataire est exigée de chacun d'eux à l'époque de la donation.

La capacité du donataire seul est exigée au moment du décès du donateur, peu importe que celui-ci soit devenu incapable depuis l'époque de la donation.

M. Colmet de Santerre (Cours de droit civil, t. IV, n° 264 *bis*), adopte ce système à la suite de M. Demante.

« M. Demante démontrait d'abord, dit M. Colmet de Santerre, quant au donateur qu'il était inutile d'exiger sa capacité à l'époque de la mort parce qu'il avait fait, lors de la donation, un acte définitif et irrévocable, que sa volonté était désormais impuissante sur le sort de cet acte, et que le droit du donataire devait, quand il se réaliserait plus tard, produire ses effets depuis le jour de la donation. »

« A l'égard du donataire, les mêmes raisons démontrent que sa capacité doit être requise non seulement au jour de la mort, mais au jour de la donation, s'il acquiert de ce jour un droit, et il l'acquiert puisque son sort est indépendant de la volonté du donateur, il doit être capable à cette époque, il est vrai qu'on exigera encore sa capacité lors du décès, parce que son acquisition se complète et se parfait en ce moment. »

Nous n'admettons pas non plus ce système parce que nous croyons, comme nous le dirons tout à l'heure, que lors du décès la capacité du donataire n'est pas plus exigée que celle du donateur.

Troisième Système. — Au moment de la donation, le donateur doit être capable de donner, le donataire capable de recevoir, mais à l'époque du décès, il n'y a lieu d'exiger ni la capacité du donateur ni celle du donataire.

Ce système a été proposé et défendu par M. Demolombe ; c'est celui que nous croyons devoir adopter.

Voici les arguments que l'on peut faire valoir en sa faveur :

La donation par contrat de mariage, même ayant pour objet des biens à venir, est une donation entre-vifs et non pas un testament. C'est une convention qui se forme par l'accord des volontés du donateur et du donataire comme dans toute donation entre-vifs.

A ce moment, il faut exiger, ainsi que pour toute autre donation entre-vifs, la capacité de disposer dans la personne du donateur et la capacité de recevoir dans la personne du donataire.

La donation formée ainsi dès le moment du contrat est devenue dès lors irrévocable (dans le sens bien entendu de l'article 1083) et le donataire a donc requis le droit de recueillir ce qui en fait l'objet sous les seules conditions imposées par la loi.

Mais ce qui fait l'objet de la donation des biens à venir, c'est la succession du donateur, c'est un droit héréditaire dans cette succession.

Il suffit donc, pour que la donation produise son effet, que le donateur soit capable de transmettre sa succession et que le donataire qui lui survit, soit capable de la recueillir ; c'est en effet le droit de recueillir qui lui a été donné et il est un héritier contractuel dans la personne duquel il n'y a, sous le rapport de la capacité, rien de plus à exiger que dans la personne de l'héritier légitime (1).

27. — La donation de biens à venir ne peut être faite que dans le contrat de mariage des futurs époux ou dans une contre-lettre y faisant suite dans les termes des articles 1396 et 1397 du Code civil.

L'opinion prétendant que pourvu qu'elle fut faite en faveur du mariage, elle pouvait être faite par acte authentique antérieur au mariage, n'est pas admissible et est en contradiction formelle avec l'article 1082.

Le sort de la donation de biens à venir est donc intimement lié à celui du contrat de mariage et s'il vient à être annulé, elle tombe nécessairement avec lui (2).

---

(1) Demolombe. Donat. t. VI. n° 394. — Aubry et Rau, t. VIII. p. 65, § 739. — Laurent, t. XV, n° 296.

(2) Nimes, 8 janvier 1850. — Laurent, t. XV, n°⁸ 186 et 187. — Demolombe, Don. t. VI, n° 276. — Aubry et Rau, t. VIII. p. 63, § 739. — Baudry Lacantinerie et Colin. Donat. t. II, n° 3,904.

Cette donation n'entraînant pas une transmission actuelle, et cette transmission n'ayant jamais lieu qu'à la mort de l'instituant, n'est pas soumise à la nécessité de la transcription qu'exige l'article 939 du Code civil (1).

Lorsqu'elle a pour objet des meubles corporels, elle n'est pas non plus soumise à la nécessité de l'état estimatif prescrit par l'article 948, Code civil (2).

28. — L'article 1082 dit que la donation peut comprendre « tout ou partie » des biens à venir de l'instituant.

La donation peut donc être : universelle si elle comprend la totalité des biens.

A titre universel, si elle se compose d'une partie aliquote des biens, le tiers ou le quart par exemple.

A titre particulier, si elle porte sur des biens déterminés.

29. — Nous avons vu plus haut que la donation de biens à venir devait être contenue dans le contrat de mariage des futurs époux ou dans une contre-lettre y faisant suite.

Il importe d'ajouter qu'aucuns termes sacramentels ne sont exigés pour la validité d'une donation de biens à venir.

(1) Cassation, 4 février 1867, 15 mai 1876. — Aubry et Rau, t. VIII, p. 383 § 704. — Demolombe. Don. t. VI, n° 277. — Laurent, t. XV, n° 188. — Baudry Lacantinerie et Colin. Don. t. II, n° 3,905.

(2) Mêmes auteurs.

Il suffit que la disposition, quelle qu'en soit la forme présente au fond les caractères constitutifs de la donation de biens à venir (cassation 29 juin 1842).

Néanmoins, comme les termes jouent souvent un très grand rôle dans l'interprétation d'une convention aussi importante que celle de la donation de biens à venir, nous croyons intéressant de donner quelques formules employées par les notaires de Paris dans les cas les plus usités (1).

Donation par un père de la quotité disponible

En considération du mariage et conformément aux articles 1082 et 1083 du Code civil, M. Lebon, comparant fait donation entre-vifs, par préciput et hors part :

A la future épouse sa fille qui accepte,

De toute la portion de bien dont la loi permettra la libre dispostion au donateur, à l'époque de son décès, à prendre dans les biens, meubles et immeubles qu'il laissera à son décès.

En cas de prédécès de la donataire, ses descendants à naître du mariage projeté, recueilleront la libéralité s'ils survivent au donateur.

Le donateur se réserve de disposer gratuitement, par telles voies et en faveur de telles personnes que bon lui semblera d'une somme de 2.000 francs sur la portion disponible, il s'interdit formellement de faire aucune autre disposition au préjudice de la donataire. S'il n'use pas de la faculté qu'il vient de réserver, la donataire en profitera comme de droit.

(1) Ces formules sont extraites du *Traité formulaire général du Notariat*, par Défrénois.

Le père a ici plusieurs enfants et il donne à sa fille la quotité disponible, lors de son décès à lui donateur, quotité non connue actuellement, car elle dépendra du nombre d'enfants vivants ou représentés à cette époque (art. 913 et 914 du Code civil).

La formule ajoute, *par préciput et hors part*. C'est utile, car sans cette clause, la donataire aurait à faire le rapport de sa donation, lors du décès du donateur (art. 919).

L'indication qu'en cas de prédécès de la donataire, ses descendants à naître du mariage projeté recueilleront la libéralité, s'ils survivent au donateur, a pour but de prévenir toute contestation, en cas d'enfants issus d'un second mariage et qui prétendraient bénéficier de la donation.

Enfin la fixation de la somme que se réserve le donateur sur la quotité disponible prévient les difficultés qui pourraient surgir en ce qui concerne la modicité des sommes dont, à défaut de cette clause, le donateur aurait le droit de disposer à titre de récompense ou autrement.

Donation par le père et la mère conjointement

En considération du mariage, M. et Mme X, font par ces présentes donations par préciput et hors part :

Au futur époux, leur fils qui accepte pour lui et pour les enfants à naître du mariage,

De tout ce dont la loi leur permet de disposer en pleine propriété dans les biens et valeurs qui composeront les successions futures de chacun des donateurs :

à l'effet de quoi ils consentent respectivement à son profit toutes institutions contractuelles dans les te mes de l'article 1082 du Code civil, sous la seule réserve des avantages en usufruit qui pourraient être faits par l'un ou l'autre des donateurs au profit du survivant d'eux.

Donation de quotité par un étranger

En considération du mariage, et conformément aux articles 1082 et 1083 du Code civil M. Lorin comparant fait donation entre vifs :

Au futur époux qui accepte,

Du quart des biens, meubles et immeubles, qui composeront la succession du donateur sans exception ; en conséquence, il institue le futur époux son héritier pour cette portion

En cas de prédécès du donataire, ses descendants à naître du mariage projeté recueilleront la libéralité s'ils survivent au donateur.

Le donateur s'interdit formellement toute disposition par acte entre-vifs ou testamentaire, au préjudice du donataire, si ce n'est pour sommes modiques à titre de récompense ou autrement.

La même formule pourrait servir en cas de donation d'une somme fixe, on remplacerait du quart des biens, etc., par *D'une somme de..... à prendre sur les plus clairs et apparents biens que le donateur laissera à son décès, et qu'il oblige ses héritiers solidairement entre eux à payer au futur époux, au domicile à cet effet élu à... dans les trois mois* (ou tout autre délai) *du décès du donateur sans intérêts.*

Il est bon de stipuler la solidarité entre les héritiers

pour le cas où il s'en trouverait d'insolvables et de fixer le lieu du paiement.

Par contre, en ne fixant pas de délai pour le paiement de la somme donnée, les héritiers pourraient être mis en demeure de verser dès le lendemain du décès, et les intérêts seraient dus au taux légal depuis le jour du décès jusqu'au paiement.

Promesse d'égalité.

En considération du mariage, M. et Mme Duhamel, père et mère de la future épouse, s'interdisent de faire aucune disposition par acte entre-vifs ou testamentaire, en faveur de qui que ce soit, au préjudice de leur fille future épouse, ou, si elle prédécède, de ses enfants à naître du mariage projeté, en conséquence, ils leur garantissent l'intégralité de la portion héritiaire de la future épouse dans leur succession.

DES EFFETS DE LA DONATION DE BIENS A VENIR

30. — Nous allons d'abord examiner les effets de la donation de biens à venir à l'égard de l'instituant.

L'instituant reste en possession des biens donnés, mais il ne peut plus désormais en disposer à titre gratuit (sauf pour les sommes modiques dont nous avons déjà parlé). Mais il conserve le droit de les aliéner à titre onéreux, de toute manière, directement ou indirectement.

Ainsi, il peut non seulement vendre, échanger, contracter des emprunts et des obligations personnelles, mais encore faire toutes constitutions d'hypothèques ou de servitudes, transiger, compromettre, faire le commerce, entrer dans toutes sociétés.

Il lui est même permis de renoncer à une prescription acquise, s'il est reconnu que cette renonciation ne constitue pas une donation, mais l'acquit d'une dette de conscience (1).

L'instituant peut aussi aliéner, moyennant une rente viagère, les biens compris dans l'institution, une telle aliénation lorsqu'elle a été faite sans fraude, ne pouvant être considérée comme une disposition à titre gratuit défendue à l'instituant (2).

Il est facile de comprendre par ce qui précède la fragilité de l'espérance du donataire relativement au bénéfice final de la donation. Le donateur vient-il à regretter sa libéralité, à désirer en enlever le bénéfice au donataire, il contractera un emprunt important et onéreux, ou, vendra ses biens à rente viagère et il ne restera plus au donataire que la ressource de prouver la fraude, preuve le plus souvent très difficile ou même impossible. Est-il besoin de chercher plus loin le peu de faveur dont jouit ce mode de donation ?

(1) Cassation. 26 mars 1845. — Troplong. t. IV, nº 2.353. — Bonnet, t. II, nº 441. — Demolombe, Donat. t. VI. nº 311.

(2) Cassation, 15 novembre 1836. — Riom, 4 décembre 1810. Duranton, t. IX, nº 171. — Troplong. t. IV, nº 2.354. — Aubry et Rau, t. VIII. § 739, note 52. — Massé et Vergé, t. III, § 517, note 21. — Demolombe. t. VI, nº 312. — Colmet de Santerre, t. IV, nº 256 bis. I. — Bonnet. t. II, nº 421. — Laurent, t. XV, nº 213.

L'instituant peut toujours, ainsi que nous l'avons dit, disposer des biens donnés à titre gratuit, pour des sommes modiques à titre de récompense ou autrement. La modicité s'appréciera naturellement suivant la fortune du disposant, elle est essentiellement relative et sera déterminée par les juges du fait (1).

Il est incontestable que l'instituant peut se réserver le droit de disposer à titre gratuit, dans une mesure plus étendue.

Mais d'après l'opinion la plus répandue, il ne peut pas par contre, s'interdire le droit de disposer à titre gratuit, même dans la mesure permise par l'article 1083.

31. — Les droits du donateur doivent d'abord être considérés pendant la vie de l'instituant.

Suivant le tribun Joubert, « il faut distinguer le titre et l'émolument : le titre est irrévocable ; quant à l'émolument il ne pourra être véritablement connu qu'au décès. »

Pendant la vie de l'instituant, le donataire possède le titre seul, il n'a aucun droit aux biens qui composent le patrimoine du donateur.

En conséquence, le donataire n'a pas qualité pour critiquer, ni attaquer pendant ce temps les aliénations à titre onéreux ou à titre gratuit, que le donateur pourrait faire.

(1) Demolombe Don. t. VI, n° 370, — Aubry et Rau, t, VIII, p. 75, § 739. — Laurent, t. XV, n° 222, — Baudry Lacantinerie et Colin, t. II, n° 3,914.

Les droits du donataire sont assez restreints pendant la vie de l'instituant, mais ledit donataire peut-il avant la mort de ce dernier, céder son droit ou y renoncer ?

Cette question souvent agitée, a été résolue affirmativement par divers auteurs, mais on admet généralement aujourd'hui, que le donataire ne peut pendant la vie de l'instituant, ni céder son droit, ni y renoncer. On ne peut en effet, d'après l'article 791, renoncer à la succession d'un homme vivant, ni aliéner les droits éventuels qu'on peut avoir à sa succession, l'article 1130 prohibe également, toute renonciation ou toute stipulation relative à une succession non ouverte. C'est un droit éventuel à la succession de l'instituant, que la donation de biens à venir confère au donataire.

Donc la renonciation ne peut être valable.

On a objecté à cela, que ce droit de succession était, dès l'instant de la donation, acquis à l'institué et que c'était un droit de propriété, ne portant toutefois, que sur des biens à venir.

Il n'est guère possible de concevoir un droit de propriété, portant sur des biens à venir, et il est, d'autre part, certain, que la règle des articles 791 et 1130 doit s'appliquer dans notre cas.

« Il suffit, dit M. Colmet de Santerre, de rechercher les motifs de la prohibition contenue dans l'article 1130, pour voir qu'ils se produisent ici avec la même énergie, incertitude sur l'époque de l'ouverture du droit, incertitude sur le chiffre du patrimoine, partant spéculation dangereuse et immorale, parce que le cédant n'en peut

apercevoir les conséquences et que le cessionnaire
profite de ses passions et de son aveuglement. Les
causes de la prohibition existent donc, le droit cédé est
une sorte de droit de succession, comme le constate
l'ancienne expression d'institution contractuelle, par
conséquent la prohibition peut-être appliquée à ce cas,
sans qu'on se préoccupe de ce fait, que le droit du
donataire est irrévocable, car ce raisonnement ne
tendrait à rien moins qu'à soustraire à l'article 1130,
les héritiers à réserve dont le droit ne peut pas plus-
être détruit que celui du donataire des biens à venir. »

32. — Nous allons examiner maintenant les droits
du donataire après le décès de l'instituant.

La donation de biens à venir devient caduque ainsi
que nous l'avons vu, si celui-ci survit à l'époux ou
aux époux institués et aux enfants ou descendants,
nés de leur union.

Lorsque cette caducité n'a pas lieu, il nous faut
encore distinguer, si la donation de biens à venir
s'ouvre au profit de l'institué ou au profit de ses
enfants ou descendants.

Quand la donation s'ouvre au profit de l'institué,
celui-ci peut, comme un héritier, accepter l'institution
purement et simplement ou sous bénéfice d'inventaire
et même y renoncer.

Au moment de la donation, l'institué n'a accepté
que le titre d'héritier présomptif, il est donc juste
qu'il se prononce maintenant d'une manière définitive.

En cas d'acceptation bénéficiaire ou de renonciation,

ces actes semblent devoir être faits au greffe du tribunal civil du lieu de l'ouverture de la succession, comme pour une succession ordinaire (1).

Si la donation s'ouvre au profit des descendants du donataire, ceux-ci peuvent, comme l'aurait pu celui-ci, accepter ou répudier la succession et si l'un ou plusieurs des enfants de l'institué sont prédécédés, laissant eux-mêmes des descendants, ces derniers viennent par représentation de leur auteur (2).

Enfin les descendants de l'institué sont appelés à recueillir le bénéfice de l'institution, si celui-ci renonce, car ils sont substitués vulgairement à leur auteur et doivent dès lors être appelés à recueillir le bénéfice de la donation pour le cas où l'institué ne le pourrait ou ne le voudrait point (3).

33. — Les donataires dans une donation de biens à venir, ont-ils comme les héritiers légitimes la saisine légale ?

En général, on leur refuse la saisine. Il n'est pas douteux, d'après M. Baudry-Lacantinerie, qu'un texte seul puisse donner le bénéfice de la saisine. Or, conclut cet auteur, le seul texte général d'où pourrait

(1) Poitiers, 12 décembre 1887. — Dreux, 9 sept. 1884, sous cass. 14 décembre 1885. — Huc, t. VI, n° 458. Baudry Lacantinerie et Colin, t. II, n° 3,924. — Contra-Laurent, t. XV, 224.

(2) Demolombe. Don. t. VI, n° 328. — Laurent, t. XV, n° 234. — Aubry et Rau, t. VIII, p. 85, § 739.

(3) Demolombe, Don. VI, n° 329. — Aubry et Rau, t. VIII, p. 69 et 87, § 739. — Baudry Lacantinerie et Colin, t. II, n° 3,929. — Contra-Laurent, t. XV, n° 234.

résulter ce bénéfice, au profit des institués contractuels est l'article 724 du Code Civil. Mais, il est hors de doute que les héritiers dont parle ce texte, sont les héritiers légitimes et nullement les héritiers contractuels.

Le raisonnement est juste, si on attribue à la donation de biens à venir, exactement les effets d'un testament; il ne faut cependant pas oublier ici, que la donation qui nous occupe est une véritable donation, soumise il est vrai, à des règles spéciales qui peuvent à certains points de vue, la rapprocher du testament, mais qui doit produire tous les effets de la donation, sauf les dérogations résultant de textes formels.

Or, par le seul fait de la donation consentie et acceptée, le donataire est saisi des biens qui y sont compris. Dans le cas qui nous occupe, l'investissement du donataire n'aura lieu qu'au décès du donateur, mais il aura lieu de plein droit sans qu'il soit besoin du consentement des héritiers, car il résulte d'une convention expresse intervenue antérieurement au décès du donateur entre celui-ci et le donataire.

Cette convention ne pouvait produire d'effets pendant la vie du donateur, mais elle n'en existait pas moins du jour de l'acte sous la condition que ses effets seraient reportés au décès du donateur.

L'article 724 n'a donc rien à faire ici, il ne prévoit en effet que l'hypothèse où les héritiers tiennent leurs droits et actions du défunt par suite du décès de celui-ci et non par suite d'un titre antérieur comme une donation.

Nous croyons donc qu'en aucun cas l'institué n'aura
à demander la délivrance aux héritiers légitimes,
fussent-ils réservataires (1).

Donations cumulatives de biens présents et à venir.

34. — La donation de biens à venir présentant un
très grand aléa pour le donataire, la loi a permis un
autre mode de donation qui, à tout évènement, assure à
l'institué tout ou partie des biens que le disposant
possède au moment de la donation.

Cette donation connue sous le nom de donation
cumulative de *biens présents et à venir*, résulte des
termes de l'article 1084 du Code civil ainsi conçu :

« La donation par contrat de mariage pourra être
« faite cumulativement des biens présents et à venir,
« en tout ou en partie à la charge qu'il sera annexé à
« l'acte un état des dettes et charges du donateur
« existantes au jour de la donation; auquel cas il
« sera libre au donataire, lors du décès du donateur,
« de s'en tenir aux biens présents en renonçant au
« surplus des biens du donateur. »

On peut donc définir ainsi la donation cumulative
de biens présents et à venir :

Une donation par laquelle le donateur confère au
donataire le droit de prendre à son décès les biens

(1) *Sic.* — Chabot. Des suc. sur l'art. 724. — Merlin. Rep.
vº Inst. cout. § 10. nº 2, et § 2. nº 2. — Pothier. Introd. au
titre XVII, de la cout. d'Orléans. nº 23.

existant à l'époque de la donation en renonçant aux
biens à venir ou de recueillir tous les biens laissés
par le donateur, tels qu'ils se trouveront au moment
du décès.

Le donataire a donc au décès une option à faire.

S'il opte pour les biens à venir, il recueillera tous
les biens laissés par le disposant à la condition de
payer toutes les dettes que celui-ci aurait contrac-
tées, même celles n'existant pas au moment de la
donation et de respecter toutes les aliénations qu'il
aurait faites et tous les droits réels qu'il aurait con-
sentis à titre onéreux sur les biens donnés.

Par contre, s'il opte pour les biens présents, il ne
recueillera que les biens qui existaient lors de la
donation, mais dans ce cas il ne sera tenu de payer
que les dettes existant à cette époque et il pourra
demander la rescision de tous droits réels et de toutes
aliénations consenties par le donateur depuis la donation soit à titre gratuit, soit même à titre onéreux.

35. — La donation cumulative de biens présents et
à venir est en général soumise aux mêmes règles que
la donation de biens à venir.

Elle est en outre soumise à certaines conditions
particulières.

Il doit être annexé à l'acte de donation un état des
dettes dont le donateur est tenu au moment où il dispose de ses biens; si cette condition n'a pas été
exécutée, la donation est néanmoins valable, mais elle
n'est alors qu'une donation pure et simple de biens à

venir, le donataire ne peut plus répudier les biens à
venir pour s'en tenir aux biens présents.

Il faut de plus annexer à l'acte de donation un état
estimatif des meubles, appartenant au donateur au
moment où il donne.

Qu'arrivera-t-il si en fait cet état n'a pas été
annexé ?

Si le donataire opte pour les biens à venir, l'omission n'influe en rien sur la validité de la donation (1).

Si au contraire le donataire opte pour les biens
présents, la donation ne vaudra que pour les immeubles; les meubles n'y seront pas compris.

L'article 948 exige en effet, pour la validité des
donations de meubles l'annexe d'un état estimatif des
objets qu'elles comprennent.

En ce qui concerne les immeubles considérés comme
biens présents, le donataire doit faire transcrire la
donation dès qu'elle est faite, car s'il optait plus
tard pour les biens présents, il pourrait se voir opposer le défaut de transcription dans les termes de l'article 941 du Code civil (2).

36. — Nous donnons ici à titre d'indication, la formule la plus usitée pour la donation cumulative de
biens présents et à venir.

(1) Cassation, 19 novembre 1890.
(2) Demolombe. Don. t. VI, n° 363. — Laurent, t. XV. n° 260.
— Aubry et Rau. t. VIII, p. 97. — Huc, t. VI. n° 162. — Baudry Lacantinerie et Colin, t. II, n° 3,963.

Formule.

En considération du mariage et conformément aux articles 1084 et suivants du Code civil, M. Lorin, comparant fait donation entre-vifs par préciput et hors part :

Au futur époux son neveu qui accepte,

De l'universalité des biens meubles et immeubles présents et à venir du donateur sans aucune exception.

Les biens présents du donateur consistent en :

1ent Les meubles et objets mobiliers, etc.

2ont Une créance de... etc.

3ent Et les biens immeubles dont la désignation suit :

1° Une maison... etc.

Les dettes actuelles du donateur s'élèvent à six mille deux cents francs et sont détaillées en un état dressé par les parties à la date de ce jour sur une feuille de papier au timbre de... lequel, devant être enregistré avant ou avec ces présentes, est demeuré ci-joint après avoir été des parties certifié véritable par une mention d'annexe signée d'elles et des notaires.

Lors du décès du donateur, il sera loisible au donataire de s'en tenir aux biens présents, en renonçant au surplus des biens ; ce qui aura pour objet de transformer la présente donation en une donation de biens présents dont l'effet remontera à ce jour, et le donataire ne sera tenu que des dettes actuelles qu'il payera aux créanciers ou qu'il remboursera aux héritiers du donateur si elles ont été acquittées par lui.

Le donataire aura la jouissance du tout à partir du décès du donateur.

Une expédition de la présente donation sera transcrite au bureau des hypothèques de... afin d'être opposable aux tiers, si par suite de la renonciation aux biens à venir, elle se transforme en une donation de biens présents.

En cas de prédécès du donataire, ses descendants à naître du mariage projeté recueilleront la libéralité s'ils survivent au donateur, et comme lui, ils auront la faculté de s'en tenir aux biens présents en renonçant à ceux à venir.

Donation faite sous des conditions potestatives de la part du donataire. eux

37. — La donation faite sous des conditions potestatives de la part du donateur est celle par laquelle le donateur peut déroger de trois manières à la règle fondamentale en matière de donation « donner et retenir ne vaut ».

1° En imposant au donataire l'obligation de payer les dettes et charges de la succession.

2° En soumettant la donation à une condition qui dépende de sa seule volonté.

3° En se réservant le droit de disposer d'un effet compris dans la donation ou d'une somme fixe à prendre sur les biens donnés.

Ces exceptions portent donc atteinte au principe d'irrévocabilité des donations, mais si la donation n'est pas irrévocable de la part du donateur, le donataire peut de son côté revenir sur son acceptation, et opter au moment du décès du constituant, entre l'acceptation de la donation à charge de payer les dettes ou la renonciation.

Nous venons de voir que le donateur a pu se

réserver le droit de disposer d'un effet compris dans la donation, ou d'une somme fixée à prendre sur les biens donnés, mais il peut arriver dans ce cas que le donateur meure sans avoir disposé des choses qu'il s'était réservé de reprendre.

Alors, par dérogation au principe contenu dans l'article 946 et ainsi que nous l'avons déjà vu, l'effet ou la somme dont le donateur s'était réservé de disposer seront censés compris dans la donation et appartiendront au donataire ou à ses héritiers (art. 1086).

§ 4. — Particularités de la donation par contrat lorsqu'elle est faite entre époux.

38. — Les futurs époux peuvent se faire l'un à l'autre par contrat de mariage, avec ou sans réciprocité, toutes les donations qui pourraient leur être faites par des tiers (article 1091).

Ces donations sont en principe régies par les mêmes règles de fond et de forme que les dispositions de même nature faites par des tiers aux futurs époux.

Cependant, certaines particularités distinguent ces donations. Nous allons les étudier ici.

Ingratitude.

39. — D'après l'article 959, les donations en faveur de mariage ne sont pas révocables pour cause d'ingratitude.

Faut-il conclure que les donations entre époux, par

contrat de mariage, ne sont pas révocables pour ingratitude ?

La question a été longuement controversée.

Pour nous, notre ferme conviction est que l'article 959 ne s'applique pas ici, et que par suite, les donations entre époux, par contrat de mariage, sont révocables pour cause d'ingratitude, conformément au droit commun de l'article 955.

La Cour de Cassation, par un arrêt du 22 décembre 1869, a consacré cette opinion et a donné à l'appui de sa décision, des motifs qui peuvent se réunir ainsi :

Les donations entre-vifs, sont révocables, pour cause d'ingratitude, dans les cas déterminés par l'article 955, Code Civil. Par la généralité de ses termes, cet article place sous la règle de la révocabilité, toutes les donations entre-vifs, qui n'en sont pas formellement exceptées par la loi. D'après l'article 959, du même Code, il n'y a d'exception que pour les donations en faveur du mariage. Les donations en faveur du mariage, dans le sens de ce dernier article, s'entendent de celles, qui, faites en vue du mariage, doivent profiter à l'association conjugale et aux enfants à naître, l'exception a aussi pour objet les donations des tiers aux époux, ou à l'un d'eux, et s'explique par un sentiment d'équité qui ne permet pas de faire peser sur la famille entière, les torts de l'époux, coupable d'ingratitude envers le bienfaiteur commun, mais elle ne saurait être étendue aux donations, que les époux peuvent se faire l'un à l'autre, ces donations ayant un caractère

exclusivement personnel, doivent à ce titre, être main-
tenues sous la règle commune de la révocabilité, pour
cause d'ingratitude, d'autant plus que le cas d'ingratitude échéant, la peine atteint le coupable, sans nuire à
l'intérêt de la famille. Il suit, de là, que les donations
entre époux sont révocables pour cause d'ingratitude (1).

Cet avis n'est pas universellement partagé.

Les auteurs qui rejettent la révocation de la donation, entre époux, pour cause d'ingratitude, donnent
pour raison, que le Code entend par donations, en
faveur du mariage (article 959), toutes donations faites
dans le contrat de mariage, comme le prouvent les
articles 1088 et 960 (2).

Ces articles, comme nous le verrons tout à l'heure,

(1) *Sic.* — Proudhon et Valette, t. 1, p. 544. — Taulier, t. IV,
p. 99. — Mourlon, t. II, p. 319. — Marcadé sur l'article 959, —
Laurent, t. XIII, n° 21. — Troplong, n° 1,348. — Demante, t. II,
n° 29 *bis.* — Demolombe, t. IV, 528. — Massé et Vergé, § 484-
13. — Aubry et Rau, § 708-10. — Rennes, 21 mars 1808. —
Colmar, 26 juin 1817. — Agen, 1er mai 1821. — Paris, 8 mars
1823. — 28 août 1829. — Aix, 20 mars 1827. — Rouen, 23 février
1828. — 25 juillet 1829. — 4 mars 1856. — Caen, 5 mars 1834.
9 décembre 1836. — 22 avril 1839. — Rennes, 20 juillet 1843. —
Lyon, 4 mars 1852. — Cassation, 26 février et 10 mars 1856. —
22 décembre 1869. — 17 février 1873. — Saint-Étienne, 20 mai
1885. — Lyon, 11 août 1886. — Cour de Paris, 2 janvier 1896.
(2) *Sic.* — Merlin. — Toullier, t. II, 781. — Grenier, 220. —
Duranton, t. II, 629. — Coin Delisle, 959, 4. — Toulouse,
11 avril 1809. — Nîmes, 15 juin 1821. — Rouen, 28 janvier
1837, — Rion, 19 août 1839. — 4 décembre 1843. — Douai,
15 janvier 1828. — 28 juin 1854. — Cassation, 17 juin 1822, —
19 août 1823. — 30 mars 1824. — 15 février 1826. — 30 mai 1836.
— 21 décembre 1842.

ne sont pas aussi probants qu'on veut bien le dire, puis, comment la loi qui frappe le donataire ingrat, alors même qu'il est étranger au donateur, l'épargne-rait-elle quand il est son conjoint, c'est-à-dire, quand il a des devoirs sacrés à remplir envers lui, et que, par conséquent, son ingratitude est plus noire.

« La loi, dirons-nous avec Marcadé, serait évidem-ment immorale et pour entendre une loi dans un sens immoral, il faut qu'il y ait vraiment impossibilité de lui en donner un autre. Or, le sens qu'on donne ici à la loi, est d'abord repoussé par la raison et les textes du Code, sont loin de l'exiger impérieusement comme on le prétend (1) ».

Examinons tout d'abord l'article 1088.

« Toute donation faite en faveur du mariage, sera « caduque, si le mariage ne s'ensuit pas. »

Sans doute la règle de cet article 1088, personne ne le conteste, s'applique aux donations, entre époux, mais ce n'est que par analogie, et il est non moins certain, que les mots « donation en faveur du mariage » signifient tout simplement donations faites par des tiers aux époux et aux enfants à naître du mariage, ce qui le prouve, c'est le titre même du Chapitre VIII, dans lequel se trouve 1088. Ce titre porte *des donations faites par contrat de mariage aux époux et aux enfants à naître du mariage.*

Et il est bien impossible d'objecter que ce titre doit être étendu aux donations, entre époux, par contrat,

(1) Marcadé sur l'article 959-II.

puisque ces donations sont l'objet du Chapitre suivant, le Chapitre IX intitulé : *Des dispositions entre époux, soit par contrat de mariage, soit pendant le mariage.*

Donc, l'argument que nos adversaires prétendent tirer de l'article 1088, s'évanouit.

L'article 960, dit que toutes donations faites par des personnes n'ayant pas de descendants vivants, mêmes celles qui seraient faites en faveur de mariage, par autre que par les ascendants aux conjoints, ou par les conjoints l'un à l'autre, demeureront, etc.

On voit d'ici la déduction que tirent de cet article, les partisans de la doctrine que nous combattons.

L'article, disent-ils, pose une règle relative aux donations faites *en faveur du mariage*, puis, excepte de cette règle les donations que les conjoints se font l'un à l'autre. On n'excepte d'une règle que ce qu'elle comprend, donc, la clause des donations en faveur du mariage, renferme les donations que les conjoints se font entre eux.

Marcadé, nous semble avoir répondu très justement à cette objection, dans son commentaire de l'article 960.

« L'argument serait concluant et décisif, si l'on pou-
« vait avoir confiance dans la rédaction de cet arti-
« cle 960, si l'on devait croire ou seulement si l'on
« pouvait croire que les rédacteurs ont choisi à des-
« sein, les mots qui le constituent. Mais, il n'en est
« pas ainsi, il est évident, au contraire, qu'en écrivant
« l'article, les rédacteurs n'ont pas même songé aux

« termes qu'ils employaient et qu'ils copiaient dans
« l'article 39 de l'ordonnance de 1731.

« En effet, l'article pose une règle qui ne s'applique
« qu'aux donations faites *par des personnes n'ayant*
« *pas de descendants vivants,* et on en excepte celles
« qui sont faites en faveur d'un mariage, par les ascen-
« dants des conjoints donataires : or (dirons-nous en
« copiant l'argument de nos adversaires), on n'excepte
« d'une règle que ce qu'elle comprend, donc, la classe
« des donations faites par des personnes sans enfants,
« comprend celles que des ascendants font à leurs
« enfants !!! C'est-à-dire, que nous sommes en plein
« dans l'absurde, tant est vicieuse, tant a été incon-
« sidérée et irréfléchie la rédaction du texte qu'on
« nous oppose. Certes, quand on voit un article, nous
« dire que sa règle est faite pour les donateurs sans
« enfants, mais, qu'il faut pourtant en excepter ceux
« qui donnent à leurs propres enfants, il est bien
« impossible d'argumenter de sa rédaction et de faire
« de sa tournure de phrase, la base d'une décision.
« Il est évident, que pour avoir la pensée de cet arti-
« cle 960, il faut ne tenir aucun compte de la rédac-
« tion et de l'arrangement des mots ; il est évident,
« que les mots par autres que par les ascendants ou
« par les conjoints, relativement à ceux qui les pré-
« cèdent, ne constituent pas une exception, mais bien
« une explication, un développement, une consé-
« quence. Voici la pensée de l'article, la règle est
« faite pour toutes donations, émanant de personnes
« sans enfants, mais seulement pour celles-là : par

« conséquent, elle ne s'applique pas à celles que les
« ascendants font à leurs descendants. Elle est faite
« pour toutes donations, tellement, que sans se res-
« treindre aux donations ordinaires, elle s'étend
« même aux donations en faveur de mariage, mais,
« elle s'arrête à ces donations en faveur de mariage,
« et, par conséquent, ne comprend pas celles, qui,
« dans le contrat, sont faites par les conjoints l'un à
« l'autre !! ».

Nous concluons donc que l'article 959 ne s'applique
pas aux donations faites par les futurs époux dans
leur contrat de mariage, donations qui sont toujours
révocables pour ingratitude.

40. — Si nous supposons une donation mutuelle,
faite par les futurs époux dans leur contrat de mariage,
et qu'ensuite, l'un des époux soit convaincu d'ingratitude envers son conjoint, admettrons-nous la révocation
de la libéralité mutuelle ou bien la libéralité faite à
l'ingrat, tombera-t-elle seule, l'autre, continuant
néanmoins à subsister ?

Les auteurs sont tous d'accord pour admettre cette
deuxième solution (1).

Demolombe trouve la preuve de la révocation de la

<hr/>

(1) Guillon, n° 781. — Delvincourt. — Duranton, t. VIII, n° 590.
— Poujol, art. 970, n° 14. — Vazeille. — Dalloz. — Marcadé, art.
959. — Troplong, n° 1,319, — Aubry et Rau, t. VII, § 703, note 3.
— Demante, t. IV, n° 102 *bis*. 4 — Saintespès Lescot, t. III,
n° 882. — Bayle Mouillard sur Grenier, t. II, n° 217, note A.
Demolombe, t. III, n° 589. — Contra : Coin Delisle, art. 953,
n° 13.

donation faite à l'ingrat, alors que l'autre donation
subsiste néanmoins, dans l'article 300, qui porte que
l'époux ayant obtenu le divorce, conservera les avantages à lui faits par l'autre époux, encore qu'ils aient
été stipulés réciproques et que la réciprocité n'ait pas
lieu.

Le législateur, en conclut M. Demolombe, admet
donc que la révocation de l'une des donations ne doit
pas toujours entraîner la révocation de l'autre, et dès
qu'il admet la division dans ce cas, il n'y a aucune
bonne raison pour ne pas l'admettre également dans
tous les autres cas de révocation, pour cause d'ingratitude, d'autant plus qu'il vaudrait mieux dire que les
donations mutuelles ne sont pas révocables pour cette
cause, que de les déclarer révocables en ajoutant que
le donataire ingrat ne sera privé de ce qu'il a reçu
qu'en recouvrant ce qu'il a donné, c'est-à-dire le plus
souvent qu'il n'éprouvera, en réalité, aucune priva-
tion.

Marcadé se plaçant au point de vue plus général
d'une donation réciproque, est du même avis pour un
motif différent.

« Quand, par un même acte, Pierre a donné sa
maison à Paul, qui lui donnait sa ferme et que Pierre
s'est rendu coupable d'ingratitude, Paul reprendra la
ferme qu'il avait donnée à Pierre, et n'en conservera
pas moins la maison qu'il a reçue de lui. En effet, pour
que Pierre, en perdant sa libéralité, pût voir tomber
aussi celle qu'il avait faite à Paul, il faudrait que
celle-ci eut été la cause de la sienne, il dirait alors

que la libéralité par lui reçue, venant à disparaître, la cause de la libéralité qu'il avait faite, disparaît donc, et que dès lors, cette dernière se trouve également nulle, faute de cause (art. 1108). Mais il n'en est pas ainsi : quand Pierre a donné sa maison, la cause de sa libéralité n'a pas pu être légalement la donation que Paul lui faisait, ça été uniquement le désir de conférer un bienfait, si Pierre n'avait livré la maison que pour recevoir la ferme et que Paul n'eut livré la ferme que pour recevoir la maison, ils n'auraient pas fait une donation, mais un échange. Or, si la cause d'une des libéralités n'est pas dans l'autre libéralité, cette dernière peut donc être annulée et disparaître, sans que la première se trouve dénuée de cause ».

Malgré les hautes autorités que nous venons de citer, nous croyons que les donations mutuelles doivent être révoquées l'une et l'autre, en cas d'ingratitude de l'un des donataires.

L'article 300, ne peut, à notre avis, être un argument concluant pour les partisans du système contraire. Si le législateur avait eu l'intention de révoquer dans tous les cas, une seule des donations mutuelles, pour conserver seulement, celle faite par l'ingrat, aurait-il eu besoin d'être aussi explicite dans cet article 300 ? Nous ne le croyons pas.

Après avoir dit que l'époux qui aura obtenu le divorce, conservera les avantages, à lui faits par l'autre époux, était-il besoin d'ajouter autre chose, s'il était admis que l'ingratitude en cas de réciprocité des avantages produisait ce résultat, tout en annulant les avantages faits à l'ingrat.

Les mots « encore qu'ils aient été stipulés réciproques et que la réciprocité n'ait pas lieu », n'indiquent-ils pas au contraire une exception au droit commun, un droit particulier pour l'époux qui a obtenu le divorce en même temps qu'une peine exceptionnelle pour l'époux coupable ?

L'article 301 semble du reste venir à l'appui de notre théorie.

« Si lés époux ne s'étaient fait aucun avantage, ou « si ceux stipulés ne paraissaient pas suffisants « pour assurer la subsistance de l'époux qui a obtenu « le divorce, le Tribunal pourra lui accorder, sur les « biens de l'autre époux, une pension alimentaire. »

Voilà encore un avantage exceptionnel accordé à l'époux outragé, et cet avantage venant immédiate-après la disposition de l'article 300, ne donne-t-il pas lieu de croire que celle-ci est de même une exception au droit commun.

Dès lors nous pourrons dire à l'inverse de Demo-lombe :

« La disposition de l'article 300 est exceptionnelle, donc en règle générale les donations réciproques se trouvent toutes les deux révoquées en cas d'ingratitude de l'un des donataires.

Marcadé nous fournit lui-même un autre argument. Nous prétendons que dans l'immense majorité des cas lorsqu'il y a libéralité réciproque, chacun des dona-teurs a eu en vue l'avantage qu'il retirait de la réciprocité de la donation et que par suite la libéralité, qui subsisterait après la révocation de l'autre serait nulle, faute de cause (art. 1108).

Quand Pierre a donné sa maison, dit Marcadé, la cause de la libéralité n'a pas pu être légalement la donation que Paul lui faisait. Ça été uniquement le désir de conférer un bienfait.

Le contraire nous semble évident, ainsi que nous le disons ci-dessus. Lorsque deux donations sont faites à des dates différentes, alors sans doute, il est naturel de penser que le premier donateur s'est dépouillé dans un but de bienfaisance au profit du donataire et que celui-ci à son tour, en récompense du bienfait reçu, a tenu à conférer lui aussi, un avantage à son bienfaiteur. Et même, dans ce cas, est-il bien certain que le donataire primitif n'ait pas fait entrer en ligne de compte l'avantage par lui reçu ? Ne peut-il s'être tenu le raisonnement suivant : « Je puis donner ma ferme à Pierre dont j'ai reçu une maison. Je m'acquitterai envers lui d'une dette de reconnaissance et en outre je n'éprouverai aucune perte puisque je conserve la maison qu'il m'a donnée. » (1)

Mais ici il y a donation réciproque et ces mots de donation réciproque, nous semblent absolument opposées à celui de bienfait. Sans doute les avantages ne

_____

(1) Nous supposons ici les immeubles d'égale valeur. — S'il en était autrement, le raisonnement serait le même, mais les mots « je n'éprouverai aucune perte » seraient remplacés par « je n'éprouverai qu'une légère perte ou j'éprouverai un léger bénéfice ».

seront pas toujours égaux, et par suite l'idée absolue
de bienfait pourra exister dans une certaine mesure,
mais si vous donnez d'une main pour recevoir de
l'autre, est-ce bien le désir de conférer une libéralité
qui vous guide? Avantagez-vous réellement votre
co-donataire en recevant de lui un avantage égal, le
plus souvent, à celui que vous lui conférez?

Pour nous, il ne saurait y avoir là aucun doute. Si
l'idée de libéralité n'est pas complètement exclue,
dans ce cas de la donation, elle est certainement
associée avec celle d'un avantage reçu en compensation, et révoquer cet avantage en laissant subsister la
donation faite, nous semble absolument illogique.

Nous avons supposé jusqu'ici une donation de biens
présents, mais les donations entre époux, sont le plus
souvent soumises à la condition de survie, et dans cette
hypothèse, les motifs déjà énoncés, sont encore bien
plus forts. On ne peut nier que le donateur ait autant
en vue, sinon plus, son intérêt que celui de son
conjoint. En effet, la donation qu'il fait, lui coûtera
peu en somme, puisqu'elle ne s'exécutera, si elle
s'exécute, qu'après son décès. Par contre, il a l'espoir
de recueillir un avantage évident en cas de survie.

Et il serait étrange de venir prétendre que le désir
d'avantager son conjoint, a été ici le seul motif de la
donation. C'est peu connaître la nature humaine, nous
sommes assurés que tous ceux qui sont appelés jour-
nellement à dresser des donations de ce genre parta-
geront notre avis.

Les donations que se font les époux par contrat de
mariage ne sont pas présumées faites aux enfants
à naître.

41. — Voici le texte de l'article 1093 du Code
civil :

« La donation de biens à venir, ou de biens pré-
« sents et à venir, faite entre époux par contrat en
« mariage, soit simple, soit réciproque, sera soumise
« aux règles établies par le chapitre précédent à
« l'égard des donations pareilles qui leur seront faites
« par un tiers, sauf qu'elle ne sera point transmissible
« aux enfants issus du mariage, en cas de décès de
« l'époux donataire avant l'époux donateur. »

Cet article apporte ici une exception aux règles ordinaires, concernant les donations de biens à venir ou
de biens présents et à venir faites par contrat de
mariage par un tiers aux futurs époux ou à l'un d'eux
qui sont au contraire toujours présumées faites aux
enfants à naître du mariage.

42. — Nous avons à rechercher le motif de cette
différence et ce motif semble assez facile à établir.

Au cas où la donation de biens à venir ou de biens
présents et à venir, est faite aux futurs époux ou à l'un
d'eux par un tiers, les enfants à naître du mariage
n'étant pas héritiers du disposant, ne pourraient pas
être appelés au bénéfice de la donation en cas de prédécès de leurs auteurs. Et cependant, c'est ce que le

disposant a généralement entendu. Le législateur interprétant ici la volonté de celui-ci, présume que les enfants, doivent dans la pensée du disposant recueillir le bénéfice de la disposition en cas de prédécès de leurs parents, et il leur confère la qualité de donataires éventuels.

Lorsqu'au contraire, la donation est faite par l'un des époux à l'autre, cette présomption est inutile puisque les enfants issus du mariage sont héritiers et du donateur et du donataire. Il n'est donc pas nécessaire que la donation leur profite directement pour qu'il leur soit permis de recueillir plus tard les biens donnés, car il les retrouveront dans la succession du donateur.

Sur le point de savoir si le disposant ne pourrait pas étendre par une clause formelle, le bénéfice de la donation aux enfants à naître de son mariage, les auteurs ne sont pas d'accord.

Pour les uns, la clause est valable, car disent-ils, la seule différence qu'il y ait entre les articles 1082 et l'article 1093, c'est que la substitution vulgaire, au profit des enfants à naître, qui est présumée dans l'un, n'est pas présumée dans l'autre, et rien ne s'oppose à ce que dans ce dernier cas, le donateur les substitue vulgairement, par une clause formelle (1).

Pour les autres, le texte même de l'article 1093, doit faire adopter la solution contraire, car c'est impé-

---

(1) Duranton, t. IX, n° 759. — Aubry et Rau, t. VIII, p. 99, § 741 et 742. — Laurent, t. XV, n° 311. — Baudry-Lacantinerie et Colin. Donat. t. II, n° 3,993.

rativement qu'il déclare que cette donation ne sera pas transmissible aux enfants à naître.

« C'est, du reste, ajoute M. Colmet de Santerre, un retour aux règles générales du droit qui déclarent incapables de recevoir les enfants non encore conçus, et par conséquent, si le sens de la disposition était douteux, il devrait être interprété plutôt en faveur de la règle qu'en faveur de l'exception (1). »

Cette dernière opinion, nous paraît préférable, mais au surplus, comme le dit M. Baudry-Lacantinerie, il est douteux que le cas se présente jamais dans la pratique.

Survenance d'enfants.

43. — L'article 960 est formel en ce qui concerne les enfants issus du mariage des deux conjoints.

La survenance d'enfants, dans ce cas, n'entraîne pas la révocation de la donation.

Mais, le point de savoir si la donation faite par l'un des époux à l'autre, par contrat de mariage, est révoquée par la survenance d'un enfant, que le donateur devenu veuf, a eu d'un mariage subséquent, a été vivement controversée.

L'opinion qui admet la révocation, invoque l'article 39 de l'ordonnance de 1731, reproduit presque littéralement sous l'article 960 (2).

(2) Delvincourt, t. II, p. 448. — Coin Delisle, art. 1093. — Marcadé sur l'art. 1093. — Troplong, t. IV, n° 2,539. — Colmet de Santerre, t. IV, n° 269 *bis* II.

(1) Delvincourt, sur l'art. 960, — Grenier des donat. n° 199. — Massé et Vergé sur Zachariæ, t. III, § 485, note 10.

Les anciens auteurs qui ont écrit, soit sous l'influence du droit romain qui avait servi de base à l'article 39 de l'ordonnance de 1731, soit sous l'empire de cette ordonnance, se prononçaient, en effet, généralement dans le sens de la révocation (1).

L'article 960 met en dehors de la révocation, les donations entre époux, par contrat de mariage, et cette dérogation au principe, posé par l'article, est si générale, qu'il semble difficile qu'il puisse y avoir place pour une exception quelconque.

L'affection paternelle permettant de supposer que le père aurait réservé son patrimoine pour ses enfants, au lieu de le donner, s'il eut prévu avoir des enfants, est en effet, le fondement de l'article 960.

Or, ce principe reste sans influence sur les donations que se font les époux, par leur contrat de mariage, parce que ces donations se font nécessairement avec la prévoyance des enfants qui proviendront du mariage.

La doctrine admet donc généralement que la donation entre époux n'est pas même révocable par la survenance d'enfants issus d'un second mariage (2).

---

(1) Dumoulin de donat.. *in contractu matrimonii factis*. nº 5. — Furgole sur l'art. 39 de l'ordonn. de 1731. quest. 49. nº 4. — Prevost de la Jaurie princip. de jurisp. Vº Donation, t. II, nº 464. — Pothier, Donat. sect. 3, art. 2, § 1.

(2) Merlin, Rev. de donat. § 1. — Chabot, quest. Transit. Vº Rev. de donat. § 1. nº 3. — Toullier. t. V, nº 310. — Duranton, t. VIII, nº 582. — Coin Delisle, sur l'art. 960. — Guillou des donat. nº 790. — Poujol des donat. nº 10. — Vazeille, cod. nº 16. — Marcadé sur l'art. 960. — Saintespès Lescot. t. III. nº 939. — Troplong des donat. nº 1,389. — Demolombe. t. III. nº 772. — Aubry et Rau, t. VII, § 709. note 15.

Cette opinion, a été consacrée en jurisprudence par
un arrêt de la Cour de Cassation du 29 Messidor an II,
un arrêt de la Cour de Rennes du 5 décembre 1854 et
un arrêt de la Cour de Cassation du 11 mai 1857 (1).

(1) Voici les motifs de ce dernier arrêt :

Attendu que si l'art 960, Cod. Nap., déclare que les donations
faites par personnes qui n'auront pas d'enfants au moment de
la donation, demeureront révoquées de plein droit par la survenance d'un enfant légitime du donateur, le même article dispose
que cette révocation n'aura pas lieu quand il s'agira de donations faites en contrat de mariage par l'un à l'autre des conjoints,

Attendu qu'en affranchissant ainsi les donations respectivement émanées des époux dans leur pacte matrimonial, de la
révocabilité pour survenance d'enfants, la loi ne distingue
aucunement entre le cas où il naîtrait aux conjoints des enfants
légitimes communs et le cas où leur mariage étant demeuré
stérile et l'époux donataire étant prédécédé, l'époux donateur
aurait eu un ou plusieurs enfants d'un second mariage. —
Qu'il n'est point permis aux tribunaux de créer une telle distinction lorsqu'elle n'est pas écrite dans la loi,

Attendu qu'on ne saurait détruire l'autorité du texte formel
et précis de l'art. 960 par la considération prise de ce que en
certains cas particuliers tels que celui de l'espèce, les enfants
du donateur pourront voir une partie des biens de leur auteur
passer de préférence à eux aux collatéraux du donataire par
suite de disposition à titre gratuit,

Qu'en effet il est certain que dans la donation par contrat de
mariage à la différence de ce qui a lieu dans la donation ordinaire, le donateur pense aux enfants qui pourront lui survenir
et leur préfère le donataire, que surtout la faveur due aux stipulations du contrat de mariage, considérées comme conditions d'une union générale, qui sans elles, aurait pu ne pas
avoir lieu, défend d'admettre qu'aucun fait postérieur puisse y
porter atteinte, à moins d'une disposition expresse de la loi. —
Qu'en le décidant ainsi et en maintenant par suite la donation
dont il s'agit, sauf réduction à la quotité disponible, la Cour
impériale de Rennes, loin d'avoir violé les articles 953 et 960,
Cod. Nap., en a fait à la cause, une saine application et n'a pu
violer aucune loi. Rejette, etc.

Divorce et séparation de corps.

44. — L'époux contre lequel le divorce a été prononcé perd tous les avantages que l'autre époux lui avait faits, soit par contrat de mariage, soit depuis le mariage.

Tel est le texte de l'article 299. Il ne saurait donc y avoir aucun doute sur ce point.

Nous avons déjà eu l'occasion de voir que, par contre dans le même cas, l'époux qui aura obtenu le divorce conserve les avantages à lui, faits par l'autre époux encore qu'ils aient été stipulés réciproques, et que la réciprocité n'ait pas lieu.

On peut critiquer fortement ces articles et regretter les dispositions qu'ils édictent, mais ils sont formels, il faut donc s'y soumettre.

En cas de séparation de corps, y aura-t-il lieu d'appliquer l'article 299.

Cette question célèbre, a été l'une des plus discutées du Code Civil.

Depuis un arrêt solennel de la Cour de Cassation du 23 mai 1845, la jurisprudence paraît irrévocablement fixée dans le sens de l'affirmative.

Toutefois, il importe de remarquer que cet arrêt rendu contrairement aux conclusions du procureur général Dupin, le fut à la majorité de 18 voix contre 16 et après un délibéré qui dura sept heures et demie.

La majorité des auteurs admet aussi l'extension de l'article 959, à la séparation de corps.

En outre, il résulte des discussions auxquelles la loi de 1884, sur le divorce, a donné lieu qu'aux yeux des divers orateurs, il était constant que l'article 299 était applicable à la séparation de corps.

; Or, nul n'a protesté, dit M. Baudry-Lacantinenerie (1).

45. — Malgré la réunion pour l'affirmative et de la jurisprudence et des auteurs les plus en vogue, nous croyons très fermement que la question doit être réso-

(1) Voici l'énonciation des solutions de jurisprudence et des avis des auteurs relativement à cette question.
Pour l'affirmative. — Caen, 22 avril, 1812. — Colmar, 26 juin, 1817. — Rennes, 4 mars 1820..— Angers, 22 mars 1820. — Nancy, 16 août 1820. — Agen, 1er mai 1821. — Rouen, 25 juillet 1829. — Paris, 28 août 1829. — Bordeaux, 31 mai 1838. — Rouen, 15 novembre 1838. — Caen, 22 avril 1839. — Cass. ch. réunies, 23 avril 1845. — Cassation, 17 juin 1845. — Caen, 1er juillet 1845. — Cassation, 28 avril 1846. — Riom, 5 novembre, 1846. — Paris, 5 février 1847. — Cass. 25 avril 1849. — 18 juin 1849. — Pau, 8 août 1853. — Cass. 30 août 1865. — Caen, 29 janvier 1872. — 11 février 1880. — Rennes, 23 décembre 1892.
Proudhon, t. I, page 341. — Delvincourt, t. I, page 353. — Pigeau, t. II, page 571. — Lassault, t. II, page 152. — Grolman, t. III, page 500. — Coulon, t. II, page 376. — Vazeille, t. II, n° 589. — Dalloz, sepon de corps, n° 369. — Massol, page 297. — Valette sur Prudhon, t. I, page 544. — Marcadé sur l'article 299. — Demolombe, t. IV, nos 526 et suiv. — Valette Explic. somm. page 150. — Mourlon, Rep. écrit, t. I, page 430 (6e édit).
Pour la négative — Cass., 13 juillet 1813. — 17 juin 1822. — 19 août 1823. — Agen, 28 avril 1824. — Cass. 13 février 1826. — 30 mai 1836. — Caen, 9 décembre 1836. — Rouen, 28 janvier 1837. — Riom, 19 août 1839. — Cass. 21 novembre 1843. — Riom, 4 décembre 1843. — Douai, 17 mai 1847.
Merlin sepon de corps, § 4, n° 5. — Toullier, t. II, n° 781. —

luc négativement pour les raisons que nous nous proposons d'indiquer.

Mais avant, nous allons exposer les motifs qui ont
fait admettre la solution contraire à un savant juris-
consulte, M. Mourlon, et nous verrons s'il est possible
de répondre aux objections qu'il fait à notre système.

Les motifs suivants, dit M. Mourlon (répét. écrites,
t. I), m'ont fait accepter ce dernier système (extension
de l'article 299, au cas de séparation de corps).

« 1° La séparation de corps a été admise parallè-
« lement au divorce, afin de donner aux époux qui
« suivent la religion catholique, la liberté et le moyen
« de se séparer tout en reconnaissant le principe de
« l'indissolubilité du mariage (voy. le n° 826). On l'a,
« au Conseil d'Etat, même appelée le divorce des
« catholiques. Aussi, n'en a-t-on point fait l'objet
« d'un titre particulier, c'est dans le titre même du
« divorce, comme un chapitre du divorce qu'il en a été
« traité. C'est donc entrer dans l'esprit de la loi, que
« d'emprunter au divorce pour les appliquer à la sépa-
« ration de corps tous les effets qui, par leur nature,
« peuvent être produits sans blesser le principe de
« l'indissolubilité du mariage. Les libéralités que se

Duranton, t. II, n° 629 et t. VIII, n° 572. — Grenier Donat. t. I.
n° 220. — Favard, Rep. sect. 2, § 3, n° 8. — Rodière, Rev. de
législ., t. III, p. 237. — Ducourroy, Bônnier et Roustain, t. I.
n° 415. — Coin Delisle sur l'article 959, n°s 4 et suiv. — Aubry
et Rau, t. V, § 494, note 32. — Massé et Vergé, t. I, p. 281. —
Demante, Cours Analy. t. II, n° 29 bis. — Rivière, Jurisp. de
la cour de cass. n° 72. — Laurent, t. III, n° 354. — Lesenne.
397 et suivants.

« font les époux, ne sont point de l'essence du ma-
« riage, elles n'en sont qu'un accident, souvent même
« elles ne s'y rencontrent pas. Elles n'ont trait, d'ail-
« leurs, qu'aux intérêts pécuniaires des époux, et le
« mariage est étranger aux intérêts de cette nature.

« Leur révocation les laisse donc subsister dans sa
« pureté primitive. Cela posé, nous disons : Le divorce
« entraîne la révocation des donations que l'époux
« contre lequel il a été prononcé, a reçues de son
« conjoint ; la séparation de corps, institution parallèle
« au divorce proprement dit, fondée sur les mêmes
« causes, en produit tous les effets, sauf ceux qui
« blesseraient le principe catholique de l'indissolubilité
« du mariage ; la révocation des donations ne porte
« aucune atteinte à ce principe donc !...

« 2° Nos anciens jurisconsultes, si ennemis du
« divorce, admirent pourtant qu'en cas de séparation
« de corps, l'époux qui l'aurait obtenu pourrait deman-
« der la révocation des donations qu'il aurait faites à
« son conjoint (voy. *Poth. Contr. de Mar.*, n° 527),
« or, comment croire que nos rédacteurs qui avaient
« admis le divorce se soient, quant à la séparation de
« corps, montrés plus rigoristes que le catholique
« Pothier ?

« 3° La loi a déterminé : 1ent les causes (art. 306) ;
« 2ent les formes et la procédure (art. 307) de la sépa-
« tion de corps ; elle n'a rien dit, au contraire de ses
« effets. Or, comment expliquer son silence à cet
« égard, si ce n'est par cette considération, que la
« séparation de corps n'étant que le divorce, moins la

« dissolution du mariage, elle devait en produire tous
« les effets, autres que ceux qui seraient incompati-
« bles avec le maintien du mariage ? Et si elle a pris
« soin de dire expressément que la séparation de corps
« entraîne la séparation de biens (art. 311), n'est-ce
« pas parce qu'on aurait pu croire que la dissolution
« de la communauté, effet ordinaire de la dissolu-
« tion du mariage (art. 1441), était contraire au
« principe de l'indissolubilité du lien conjugal ?
« Si elle n'a rien dit de la révocation des donations,
« c'est que cet effet du divorce ne dérive point de la
« dissolution du mariage. Ce qui prouve qu'il n'en
« dérive pas, c'est qu'il n'a point lieu dans le cas d'un
« divorce prononcé par consentement mutuel (art. 299),
« ce qui le prouve encore, c'est que l'époux qui a
« obtenu le divorce conserve les libéralités qu'il a
« reçues, quoique pourtant le mariage soit dissous,
« quant à lui aussi bien qu'à l'égard de son conjoint.

« 4° Lorsque la loi règle un effet, dérivant de la
« dissolution du mariage, elle prend soin de le limiter
« au cas du divorce (voy. l'art. 767), or, a-t-elle par
« quelque disposition directe ou indirecte, limité au
« cas du divorce, la révocation des donations ? Cette
« limitation n'est écrite nulle part ! donc !... etc.

« 5° Aux termes de l'art. 1518, l'époux qui a
« obtenu la séparation de corps, conserve son droit au
« préciput, l'époux contre lequel elle a été prononcée
« le perd ! Or, si la séparation de corps qu'il encourt
« le dépouille du préciput, c'est-à-dire d'un avantage,
« qui, dans la plupart des cas n'est obtenu qu'en

« échange de telle ou telle concession faite à son con-
« joint, à bien plus forte raison, doit-il en être de
« même de donations purement gratuites. Cet argu-
« ment est décisif. On n'y a jamais répondu. »

« Deux objections ont été faites contre ce système. »

Première objection. — La révocation des donations est une déchéance pénale ; or, les peines ne
s'étendent point par interprétation d'un cas à un
autre.

Voici ma réponse : « La révocation des donations
« par l'effet du divorce ne constitue point une peine
« proprement dite, ce n'est qu'une déchéance pure-
« ment civile, fondée sur l'intention des parties. Je
« m'explique. Les donations que se font les époux
« n'ont point pour cause unique la générosité du dona-
« teur ; elles sont faites surtout en contemplation du
« mariage, c'est-à-dire du bonheur et de la considé-
« ration qu'on doit y trouver. Elles renferment, par
« conséquent, cette condition implicite, qu'elles seront
« révoquées si le donataire violant tous ses devoirs
« d'époux, vient briser cet avenir de bonheur, que le
« donateur avait cherché dans le mariage. Leur révo-
« cation, n'a donc dans notre espèce, d'autre fonde-
« ment, que l'inexécution de la condition tacite sous
« laquelle elles avaient été faites ; or, cette cause de
« révocation, c'est le droit commun des donations
« (voy. l'art. 953). Pourquoi n'en pas faire l'applica-
« tion à la séparation de corps ? »

Deuxième objection. — La loi est favorable à la

cessation de la séparation de corps; or, la révocation des donations, si elle avait lieu, ferait obstacle à la réconciliation des époux, car celui d'entre eux qui a obtenu la séparation de corps ne serait point porté à la faire cesser, puisqu'en rétablissant les choses dans leur état primitif, il perdrait le bénéfice de la révocation.

A cela, deux réponses péremptoires :

« 1° La cessation de la séparation de corps n'entraîne pas par elle-même et par elle-seule le rétablissement des conventions matrimoniales (voy. le « n° 857).

« 2° Et en supposant, d'ailleurs, que la cessation « de la séparation de corps dut avoir cet effet, la révocation des donations, loin d'entraver la réconciliation des époux ne ferait que la rendre plus facile, « car l'époux contre lequel la séparation a été prononcée, étant alors puissamment intéressé à la faire « cesser, afin d'obtenir le rétablissement des avantages qu'il a perdus, mettrait tous ses soins et tout « son zèle à se faire pardonner. »

Voici ce que nous pouvons répondre aux arguments ci-dessus :

1^{ent} M. Mourlon prétend tout d'abord que la séparation de corps ayant été admise parallèlement au divorce, on doit appliquer à la séparation de corps tous les effets du divorce, qui, par leur nature, peuvent être produits sans blesser le principe de l'indissolubilité du mariage.

Cela serait juste, si la séparation de corps produisait tous les effets du divorce, ou plutôt si l'époux séparé de corps se trouvait dans la même situation que l'époux divorcé, mais il n'en est rien.

Spécialement en ce qui concerne les donations, l'époux coupable divorcé, pourra se remarier et obtenir de son nouveau conjoint le bénéfice d'une nouvelle donation, l'époux séparé de corps ne le pourra pas.

Donc, en appliquant ici à l'époux séparé de corps la déchéance de l'article 299, on aggravera sa peine, puisque privé du bénéfice des avantages à lui, faits par son conjoint, il ne pourra en espérer d'autres du fait d'un deuxième mariage.

N'y aurait-il pas là une criante injustice (1) ?

Pour nous, l'époux outragé n'a qu'à choisir.

Ou il demandera le divorce et alors les donations faites à l'époux coupable seront révoquées de plein droit.

Ou il demandera la séparation de corps, mais l'époux coupable ne pourra être déchu du bénéfice des avantages à lui faits, car alors sa peine, ainsi que nous l'avons dit tout à l'heure, se trouverait augmentée du fait de la décision de son conjoint de demander la séparation de corps au lieu du divorce.

---

(1) Nous ne parlons ici, qu'au point de vue pécuniaire des donations, mais au point de vue moral, la peine du séparé de corps n'est-elle pas beaucoup plus grande ?

Le divorcé pourra fonder une autre famille, réparer ses torts, etc.

Le séparé de corps ne pourra plus espérer relever son foyer, sa faute, quelquefois légère en somme, aura le plus souvent brisé sa vie sans retour.

Il ne peut évidemment dépendre de l'époux outragé de diminuer ou d'aggraver à son gré les peines appliquées à son conjoint.

2^{ent} De ce que l'ancien droit avait admis, qu'en cas de séparation de corps, l'époux qui l'avait obtenue pourrait demander la révocation des donations qu'il aurait faites à son conjoint, résulte-t-il nécessairement que les rédacteurs de notre Code ont entendu appliquer à la séparation de corps, la déchéance encourue par le divorce? Cela semble tout au moins douteux.

D'abord, le droit ancien a été modifié sur une foule de points, par les rédacteurs du Code, et conclure que ceux-ci ont entendu maintenir ici l'ancien droit n'est qu'une simple supposition dépourvue de tout appui sérieux.

De plus, il convient de remarquer que dans l'ancien droit, la révocation n'avait nullement lieu de plein droit. Il fallait que l'époux outragé demandât cette révocation, et elle pouvait par suite, être refusée. C'était une question d'appréciation.

3^{ent} Lorsque la loi règle un effet dérivant de la dissolution du mariage, dit Mourlon, elle prend soin de le limiter au cas de divorce (voyez article 767) (1), or, a-t-elle, par quelque disposition directe ou indirecte, limité au cas de divorce la révocation des donations? Cette limitation n'est écrite nulle part, donc, etc.

(1) Il y a lieu de remarquer qu'il s'agit ici, de l'article 767 ancien.
Cet article modifié par la loi du 9 mars 1891, met sur la même ligne, le divorce et la séparation de corps.

Ici encore la réfutation est facile.

L'article 299 se trouve dans le Chapitre consacré aux effets du divorce. Or, dans ce Chapitre, il n'est aucunement parlé de la séparation de corps qui occupe seulement le Chapitre IV du titre du divorce.

Par suite, pour que l'article 299 puisse s'appliquer à la séparation de corps, il fallait que cela fut dit expressément.

L'argument de Mourlon, ne serait bon que si le Chapitre III avait été intitulé « Des effets du divorce et de la séparation de corps », ou si un article spécial avait déclaré que l'article 299 s'appliquerait en cas de séparation de corps.

Mourlon, invoque l'article 767, mais ici, il est question de la succession d'un époux prédécédé.

L'article 767 (*ancien*), indique que si le défunt ne laisse ni parents au degré successible, ni enfants naturels, les biens de sa succession appartiennent au conjoint non divorcé qui lui survit.

Il n'est pas question ici, comme on le voit, du conjoint séparé de corps.

Cet article, est au contraire, un argument pour notre système, car, il est difficile d'admettre qu'on prive l'époux coupable de donations à lui, faites par son conjoint, et qu'on l'appelle par contre à la succession de ce même conjoint.

Il y a là, une contradiction évidente, et le législateur de 1891, l'a si bien vu, que, pénétré de cette idée que l'article 299 s'appliquait à la séparation de corps, il a, en modifiant l'article 767, eu soin de mettre sur la même ligne, là aussi, le divorce et la séparation de corps.

C'était être absolument logique, mais alors le législateur de 1804, l'avait été bien peu, et comme cela est difficilement admissible, nous préférons croire qu'il a agi avec connaissance de cause, en un mot, qu'il a fait la même différence entre le divorce et la séparation de corps et dans l'article 299 et dans l'article 767.

4⁰ᵐᵗ Rappelons littéralement le dernier argument de M. Mourlon :

« Aux termes de l'article 1518, l'époux qui a obtenu
« la séparation de corps, conserve son droit au préci-
« put, l'époux contre lequel elle a été prononcée le
« perd donc ! Or, si la séparation de corps qu'il
« encourt le dépouille du préciput, c'est-à-dire d'un
« avantage, qui, dans la plupart des cas, n'est obtenu
« qu'en échange de telle ou telle concession faite à son
« conjoint, à bien plus forte raison, doit-il en être de
« même des donations purement gratuites. Cet argu-
« ment est décisif.

« On n'y a jamais répondu. »

Voici notre réponse :

Le préciput n'est pas une donation, c'est une simple convention de mariage portant sur les bénéfices faits en commun par les époux. Il n'existe et ne peut exister sans communauté. Le régime dotal, par exemple, ne peut connaître le préciput.

Les donations, par contrat de mariage, sont faites en vue du mariage, en vue du titre d'époux ou d'épouse.

Le préciput, résulte au contraire, de l'adoption du régime de la communauté, son motif, est, croyons-nous, le désir qu'ont les futurs époux de faire un avantage au prémourant en récompense du régime adopté ou de compenser une inégalité d'apport.

Cela posé nous disons :

Le divorce dissout à la fois et le mariage et la communauté (au cas où les époux sont mariés en communauté).

La séparation de corps dissout seulement la communauté dans le même cas.

Donc :

Le divorce doit dissoudre, et les donations faites en vue du mariage, abstraction faite de toute idée de communauté, et les avantages résultant des stipulations relatives à la communauté.

La séparation de corps, au contraire, dissout la communauté et par suite, les libéralités faites en raison de l'adoption du régime de la communauté, mais elle ne dissout pas les libéralités faites en vue du mariage, puisqu'elle ne dissout pas le mariage.

Et par suite, l'article 1518 est absolument en harmonie avec le système que nous soutenons.

Il est du reste, difficile d'admettre que le législateur qui s'est montré si explicite dans l'article 1518, ait négligé involontairement de s'expliquer sous l'article 299. Avec notre explication, le silence des rédacteurs du Code, se comprend aisément, puisque l'article 299 s'applique uniquement au divorce.

Remarquons de plus, que l'article 1518 ne dit pas

en termes exprès, que l'époux coupable perdra les
avantages que l'autre époux lui avait faits : il dit seulement que l'époux qui a obtenu le divorce conserve
son droit au préciput.

Or, de la rédaction de l'article, il ressort clairement
que les rédacteurs du Code ont admis :

1° Que la communauté étant dissoute d'une façon
anormale, le préciput, avantage de la communauté
disparaissait.

2° Qu'à titre de dédommagement pour l'époux
outragé, celui-ci conserverait néanmoins son droit au
préciput.

Il est donc facile de voir que la communauté
étant dissoute par la séparation de corps comme
par le divorce, la solution devait être la même dans les
deux cas.

Les articles 299 et 300 sont rédigés autrement que
l'article 1518, nous croyons cependant que le législateur a entendu également dans ce cas :

1° Que le mariage étant dissous d'une façon anormale, les donations faites en vue du mariage dispa-
raissaient.

2° Qu'à titre de dédommagement pour l'époux
outragé, celui-ci conservait son droit aux donations
faites par l'autre époux.

En effet, si le législateur avait supposé que les donations subsistaient même après la rupture du mariage
et avait voulu infliger une peine exceptionnelle au
divorcé et au séparé de corps en raison de leur faute,
que signifiait l'article 300.

Pourquoi déclarer que l'époux qui aura obtenu le divorce, conservera les avantages à lui faits, par l'autre époux, puisque les avantages continuent à subsister et que l'époux coupable n'en est privé qu'en vertu d'une disposition spéciale.

Au contraire, si nous admettons, comme nous le disions tout à l'heure, qu'aux yeux des rédacteurs du Code, la dissolution du mariage entraîne de plein droit, la dissolution des donations et que le maintien de celles-ci au profit du conjoint non coupable, ne soit qu'un dédommagement pour celui-ci, les articles 299 et 300 sont en harmonie parfaite.

Concluons : La dissolution du mariage, est la seule cause de la perte des avantages que l'époux coupable divorcé a pu recevoir de son conjoint.

Et comme la séparation de corps laisse subsister le mariage, les donations faites au séparé de corps coupable, ne sauraient être révoquées, par extension des articles 299 et 300.

Mais, dit-on encore, pourquoi la séparation de corps ne dissoudrait-elle pas aussi les donations faites, en vue du mariage, car ces libéralités ne sont point de l'essence du mariage et leur révocation le laisse subsister dans sa pureté primitive ?

Je réponds : qu'importe que la révocation des donations soit ou ne soit pas compatible, avec le maintien du mariage. Admettons pour un instant, avec vous, que le mariage subsiste dans sa pureté primitive, les donations étant révoquées, qu'est-ce que cela prouve ? à mon avis, tout simplement que le législateur aurait pu étendre l'article 299, au cas de séparations de corps, mais alors, il devait le dire formellement et il ne l'a pas fait, parce qu'il aurait aggravé ainsi la peine, résultant pour le séparé de corps, de ce que le mariage n'est pas dissous et de ce qu'il est, par suite, incapable de se remarier et de recevoir le bénéfice d'une autre donation.

Enfin, si l'utilité du divorce est discutable, si l'opinion qui prétend que ses inconvénients sont supérieurs à ses avantages est respectable et soutenue par un parti imposant, il n'en est pas moins certain, que lors de la rédaction du Code Civil, le divorce était considéré par le législateur, sinon comme un bien, du moins, comme un mal nécessaire, présentant des avantages supérieurs à la séparation de corps. Le droit intermédiaire avait admis seulement le divorce et si le Code civil autorisa la séparation de corps, parallèlement au divorce, c'est, comme le dit si bien Mourlon, dans un esprit de conciliation, afin de permettre aux catholiques de se soustraire aux tourments d'une existence commune devenue insupportable, sans violenter leurs croyances religieuses.

Si donc, le législateur préférait le divorce, s'il n'admettait la séparation de corps que par suite d'une concession faite aux catholiques, devait-il augmenter les avantages de l'époux demandeur à la séparation de corps, devait-il le traiter plus favorablement que le demandeur en divorce? Le contraire semble plus vrai. On réserve généralement ses faveurs pour ses amis et non pour ses adversaires.

Or, comme nous l'avons déjà dit et répété, en admettant que la séparation de corps entraîne la déchéance des donations fait·s à l'époux coupable, le conjoint de celui-ci, se trouve sur ce point, aussi bien traité que le divorcé, mais de plus, il enlève à son époux, l'espoir de recevoir une autre donation, lors d'un mariage subséquent, il le condamne de sa propre autorité, à vivre seul, dans la position la plus pénible qui se puisse imaginer, sans espoir de voir cette position se modifier un jour, de pouvoir, par la suite, retrouver le bonheur dans une autre union.

Ce droit est exhorbitant, pour qui admet le divorce et le législateur n'a pu le voir que d'un très mauvais œil. Il n'y a donc rien d'extraordinaire, à ce qu'en compensation il ait refusé à l'époux séparé de corps, l'avantage qui résulte pour l'époux divorcé à son profit, des articles 299 et 300.

Nous croyons donc, que les rédacteurs de notre Code Civil ont volontairement limité au cas de divorce la révocation des avantages faits à l'époux coupable.

Supposons néanmoins que telle n'ait pas été leur intention et qu'ils aient commis un oubli en n'étendant pas, d'une façon expresse l'article 299, à la séparation de corps. Même dans ce cas, suivant nous, on devrait encore admettre notre solution.

L'application de l'article 299, est une déchéance, or, pas de déchéance sans texte formel.

C'était le principal argument du procureur général Dupin.

La loi peut-être bizarre, inconséquente, mais c'est

la loi et l'interprété n'a qu'à l'appliquer, non à la
dénaturer.

La réponse que Mourlon fait à cet argument ne nous
semble pas du tout péremptoire.

Si la révocation des donations avait pour fondement,
dans notre cas, comme il le dit, l'inexécution de la
condition tacite sous laquelle elles avaient été faites,
le même motif existerait en cas de divorce et l'article 299, était par suite absolument inutile.

Du reste, en cas de révocation d'une donation, pour
inexécution des conditions, nous savons que la révocation n'a jamais lieu de plein droit.

L'utilité des articles 299 et 300 est d'ailleurs fort
contestable. Ils s'appliquent au divorce, il est impossible de l'y soustraire, mais il nous paraît dangereux
de les étendre au cas de séparation de corps, car en
réalité, ils aboutissent assez fréquemment à un résultat
profondément immoral.

46. — Toutefois, même en adoptant l'opinion que
nous venons de soutenir, il faut bien reconnaître que
le plus souvent, l'époux coupable perdra en cas de
séparation de corps, le bénéfice des donations à lui
faites par son conjoint.

Nous savons en effet, que les donations entre
époux, par contrat de mariage sont révocables, pour
cause d'ingratitude, du moins, dans l'opinion la plus
générale. Donc, chaque fois que l'époux outragé prou-
vera l'ingratitude, les donations faites à l'ingrat
devront être annulées.

La réciprocité de l'annulation n'a pas lieu naturellement puisqu'il existe un texte formel en sens opposé.

46 *bis*. — Il importe de remarquer que la révocation pour cause d'ingratitude, diffère pratiquement de la révocation, dont parle l'art. 299 du Code civil, car alors, que celle-ci a lieu de plein droit, sans qu'il soit besoin au donateur de remplir aucune formalité, la révocation pour cause d'ingratitude, est soumise à certaines règles qui peuvent empêcher l'action d'aboutir.

Ainsi : la demande en révocation doit être formée, dans l'année à compter du jour du délit imputé par le donateur au donataire, ou du jour que le délit aura pu être connu par le donateur (article 957).

L'action du donateur s'éteint, par la mort du donataire et ne peut plus être exercée contre les héritiers de celui-ci.

Les héritiers du donateur ne peuvent pas poursuivre la révocation contre le donataire, à moins, que l'action n'ait été intentée par le donateur, ou qu'il ne soit décédé dans l'année du délit (article 957, 2e alinéa).

En cas de reconciliation ultérieure des époux, la solution n'est pas non plus la même, suivant que l'on admet l'une ou l'autre des révocations.

Si la révocation a pour cause l'ingratitude, et que cette révocation n'ait pas été prononcée par les tribunaux, l'époux outragé ne pourra plus intenter l'action ou la poursuivre, à moins d'avoir de nouveaux griefs, car il est considéré comme ayant pardonné et son action se trouve éteinte.

Au contraire, si la révocation de la donation a lieu de plein droit, celle-ci ne saurait revivre, par le fait de la réconciliation.

———

CHAPITRE II

Formes.

————

46 *ter*. — Tout d'abord, les donations que peuvent se faire les futurs époux dans leur contrat de mariage, ont lieu par un seul et même acte.

C'est une dérogation à l'article 1097, qui défend aux époux, sous peine de nullité, de se faire, ni par acte entre vifs, ni par testament, aucune donation mutuelle et réciproque, par un seul et même acte.

Les motifs de cette dérogation, sont faciles à comprendre. Il ne pourra y avoir ici aucune suggestion ni contrainte, puisque le mariage n'est encore qu'à l'état de projet et que les futurs ne sont alors aucunement liés l'un envers l'autre.

47. — Une autre dérogation aux formes ordinaires des donations, est la dispense de la présence réelle du second notaire ou des deux témoins, au contrat qui contient la donation

D'après l'article 9 de la loi du 25 ventôse an XI, les actes notariés sont reçus par deux notaires, dont l'un, celui qui rédige l'acte, s'appelle notaire en premier, et l'autre s'appelle notaire en second, ou par un notaire assisté de deux témoins.

Mais, en général, les actes ne sont pas nuls, pour avoir été signés par le notaire en second, ou par les témoins, hors la présence des parties.

Cependant, la loi du 21 juin 1843 a prescrit, pour certains actes, la présence réelle du notaire en second, ou des témoins au moment même de l'acte.

« A l'avenir, porte l'article 2 de cette loi, les actes notariés contenant donation entre-vifs, donation entre époux pendant le mariage, révocation de donation ou de testament, reconnaissance d'enfants naturels et les procurations pour consentir ces divers actes seront, à peine de nullité reçus conjointement par deux notaires ou par un notaire en présence de deux témoins. »

« La présence du notaire en second ou des deux témoins, n'est requise qu'au moment de la lecture des actes par le notaire et de la signature par les parties, elle sera mentionnée à peine de nullité. »

La loi de 1843 laisse donc le contrat de mariage parmi les actes pour lesquels la présence réelle du second notaire ou des témoins instrumentaires n'est pas exigée.

Et il a été entendu, lors du vote de cette loi à la Chambre des Députés et à la Chambre des Pairs, qu'il n'y avait pas à distinguer à cet égard, si le contrat contient ou ne contient pas de donations.

7

La donation, qui se trouve habituellement rangée parmi les actes pour lesquels la présence effective du second notaire ou des témoins est requise, à peine de nullité, est donc soustraite à cette règle lorsqu'elle est contenue dans un contrat de mariage (1).

48. — Ainsi, le contrat de mariage contenant une donation entre époux pourra, comme tous les actes notariés (sauf ceux visés par la loi précitée) être signé après coup par le notaire on second eu les témoins instrumentaires.

Nous allons voir cependant une grave différence existant entre les autres actes notariés et le contrat de mariage.

En admettant que pour un acte quelconque, vente, bail, etc., la signature du second notaire ou des témoins, n'ait pas été apposée lors de la rédaction, jusqu'à quelle époque, cette signature pourra-t-elle être donnée valablement ?

La question est des plus délicates, la loi n'ayant fixé aucun délai pour la signature du notaire en second (ou des témoins).

La Chancellerie (lettre du 8 septembre 1893) prétend que les notaires ont un délai illimité pour demander cette signature, mais cette opinion semble inadmissible et tous les auteurs sont d'accord pour déclarer

---

(1) Bordeaux, 27 Mai 1853.
Rodière et Pont, t. I, n° 142. — Marcadé, sur l'article 1394.
— Aubry et Rau, t. IV. § 503. — Troplong, n° 184. — Dalloz, 257.

que la signature doit être donnée avant la présentation de l'acte à l'enregistrement (1).

Pour les contrats de mariage, il n'en est pas toujours ainsi. La signature du second notaire ou des témoins, doit être nécessairement apposée avant le mariage, si cette formalité est antérieure à l'enregistrement de l'acte.

Les prescriptions de l'article 1394, sont en effet formelles. Le contrat de mariage, à peine de nullité, doit être rédigé avant le mariage, par acte devant notaire. Il doit, par suite, être régulier avant la célébration du mariage, et l'absence de la signature du notaire en second (ou des témoins) constituerait une nullité irréparable.

C'est en ce sens que s'est prononcée la Cour d'appel d'Orléans dans un arrêt du 26 janvier 1895 (2).

49. — Contrairement à ce qui a lieu ordinairement pour les donations, les donations entre époux par contrat de mariage ne sont pas nulles par défaut d'acceptation. Il y a lieu d'appliquer ici l'article 1087 (3).

D'autre part, les donations par contrat de biens présents, étant soumises aux mêmes règles et formes, que les donations ordinaires, sauf dérogations spéciales :

(1) Rolland de Villargues (signature 50). Dictionnaire du Notariat. — Signature 102. — Encyclopédie du Notariat (acte notarié, n° 93). — Genebrier. (commentaire de la loi de Ventôse p. 328). — Amiaud, (traité alphal. du notariat, t. I., p. 77, n° 51). — Orléans, 26 janvier 1895.

(2) *Sic.* Cassation, 26 avril 1869. — Romorantin, 16 juin 1894.

(3) Demolombe, XXIII, 422. — Laurent, XV, 298

Un état estimatif est exigé pour les meubles et la donation doit être transcrite, s'il s'agit d'immeubles (1).

En cas de donation faite par le mari à la femme, c'est le mari qui doit faire opérer la transcription, lorsqu'elle est nécessaire, et si le mari ne remplit pas cette formalité, la femme peut y faire procéder sans autorisation (article 940).

Si la transcription de la donation n'a pas été faite, les créanciers et tiers acquéreurs pourront opposer à la femme le défaut de transcription, sauf le recours de de celle-ci contre son mari (2).

Il y a toutefois une exception, le défaut de transcription d'une donation faite à une femme par son mari ne peut être opposé, à la femme, par le tiers qui, ayant connaissance de la donation, a acheté du mari les biens précédemment donnés. Le tiers acquéreur, doit, dans ce cas, soit à raison de sa mauvaise foi, soit en ce qu'il est l'ayant cause du mari, être déclaré non recevable à opposer le défaut de transcription (3).

(1) Duranton, VII, 505. — Coin-Delisle, 1092. 7. — Troplong, 1,168. — Demolombe, XXIII, 411. — Aubry et Rau, § 743, 5. — Laurent, XV, 306. — Marcadé, sur l'art. 1092. — Cassation, 4 janvier 1830. — 10 Mars 1840.

(2) Cassation, 4 janvier 1830. — Bordeaux, 2 juin 1827. — Cassation, 10 mars 1840. — Paris, 2 mai 1860. — Bordeaux, 25 mai 1869. — Caen, 20 juillet 1874. — Toulouse, 19 août 1880.

(3) Cass. 4 juin 1823. — Angers, 31 mars 1830.

CHAPITRE III

Du préciput conventionnel et des clauses par lesquelles on assigne à chacun des époux des parts inégales dans la communauté.

---

50. — Outre les donations proprement dites, on trouve assez souvent dans les contrats de mariage, certaines clauses qui ont pour but de favoriser pécuniairement l'un des époux.

Nous allons examiner ces clauses, afin de voir si elles ne constituent pas de véritables donations.

PRÉCIPUT

51. — La clause de préciput est celle par laquelle les futurs époux conviennent que la femme ou le mari prendra sur la masse partageable *avant partage*, soit une certaine somme, soit une certaine quantité d'objets en nature, soit même tel corps certain.

Cet avantage peut être stipulé pour la femme, si elle survit, ou pour le mari s'il survit, ou pour celui des époux qui survivra (1).

Le préciput peut être aussi pur et simple, c'est-à-dire être acquis même en cas de prédécès aux héritiers. La femme peut, par exemple, stipuler pour elle et ses héritiers le droit de prendre, avant partage, telle somme ou tels objets (2).

Dispense des formalités des donations.

52. — L'article 1516, dit que le préciput n'est point regardé comme un avantage, sujet aux formalités des donations, mais comme une convention de mariage.

De quelles formalités veut-on dipenser ici le préciput ?

Il ne peut être question de l'authenticité, puisque tout contrat de mariage doit être rédigé par acte authentique (art. 1394).

Ce n'est pas non plus de l'acceptation expresse que l'on veut dispenser, car toutes les donations, par contrat de mariage, ne sont pas soumises à cette acceptation expresse (art. 1087).

---

(1) Mourlon. — Répétitions écrites sur Code civil, t. II.

(2) Il n'existe plus actuellement qu'une espèce de préciput, le préciput conventionnel, dont nous venons de parler, mais dans l'ancien droit, on connaissait également le préciput légal.

Le préciput légal, dit Pothier, est le droit que plusieurs coutumes accordent au survivant de deux conjoints nobles, de prélever au partage qui est fait des biens de leur communauté, les biens meubles dépendant de leur communauté sous certaines charges.

Il ne saurait, enfin, être question, ni de la transcription, ni de l'état estimatif qui doit accompagner les donations de meubles.

D'une part, en effet, le préciput n'est pas opposable aux tiers (art. 1519) et d'autre part, puisqu'il s'agit ici de biens à venir, il ne saurait être question de la formalité de l'état estimatif.

Il y a donc dans l'article 1516, un vice de rédaction.

Ce vice de rédaction, s'explique, du reste, facilement. Pothier, n° 442, en disant que le préciput n'est point une donation, mais une convention de mariage, ajoutait que, par conséquent, il n'était pas soumis à la formalité de *l'insinuation* et nos rédacteurs, qui ne pouvaient plus parler de l'insinuation puisqu'ils l'avaient supprimée, ont trouvé plus simple de déclarer la clause affranchie des formalités des donations. Mais cette phrase qui, encore une fois, n'a pas de sens possible ne saurait empêcher de saisir la véritable signification de l'article clairement manifestée par la fin de ce même article et par l'article 1525.

53. — Il nous reste à examiner si le préciput, qui n'est pas une libéralité quant aux formes, n'est pas une libéralité quant au fond.

L'importance de la question est facile à saisir.

Le préciput est-il une donation proprement dite, tout héritier réservataire de l'époux non préciputaire, ses enfants nés du mariage, de même que ses enfants d'un premier lit auront le droit de faire réduire le préciput s'il excède la quotité disponible.

Le préciput est-il, au contraire, une pure convention matrimoniale, l'action en réduction ne sera accordée qu'aux enfants du premier lit (articles 1496 et 1527).

La question ci-dessus, a été résolue contradictoirement par les divers auteurs.

D'après les uns, le préciput est une libéralité quant au fond et tout héritier réservataire peut en demander la réduction quand il dépasse la quotité disponible.

On invoque à l'appui de cette opinion deux arguments :

1° L'article 1516, car, puisque l'on déclare dispenser le préciput des formalités des donations, c'est que dans la pensée de la loi, le préciput est une libéralité quant au fond, car autrement, il eut été inutile de faire un texte pour le dispenser des formes des donations.

2° L'article 1525. Ici, la loi considère une clause avantageuse pour l'un des époux, non comme une libéralité quant au fond, mais comme un avantage résultant d'un contrat à titre onéreux et elle a soin de le dire expressément. Donc, s'il en avait été de même pour le préciput, elle l'aurait également déclaré en termes exprès (1).

D'après les autres, le préciput n'est pas une libéralité quant au fond, et les enfants d'un premier lit sont

---

(1) Delvincourt, t, III, p. 94. — Taullier, t. V, p. 203. — Colmet, n° 183 *bis*, et suiv. — Bugnet sur Pothier, t. VII p. 246. — Zachariae, édit. Massé et Vergé, t. IV, § 662, p. 204. — Troplong, n° 2,124.'

seuls admis à en demander la réduction, quand il dépasse la quotité disponible.

Les rédacteurs du Code ont voulu reproduire l'opinion de Pothier, et il est évident que Pothier ne considère le préciput comme une libéralité quant au fond, que, relativement à l'application de l'Edit des secondes noces, c'est-à-dire à l'égard des enfants du premier lit. Bien qu'à leur égard, le préciput fut considéré comme une donation. Pothier, le déclarait dispensé de la formalité de l'insinuation.

L'article 1516, dit d'ailleurs formellement que le préciput ne constitue qu'une convention de mariage (1).

IV. — De ces deux opinions contradictoires laquelle choisir ?

Nous n'hésitons pas à adopter la seconde, qui proclame le préciput, une simple convention de mariage, non sujette à réduction (sauf bien entendu, en ce qui concerne les enfants d'un premier lit).

L'article 1525, déclare, en effet, que la stipulation qui permet aux époux d'attribuer au survivant où à l'un d'eux la totalité de la communauté, n'est point réputée un avantage, sujet aux règles relatives aux donations, soit quant au fond, soit quant à la forme, *mais simplement une convention de mariage et entre associés.*

(1) Bellot, t. IIII, p. 267. — Duranton, t. XV, n° 190. — Odier. t. II, n° 872. — Rodière et Pont, n° 1,534.— Marcadé, art. 1516. n° 1. — Massé et Vergé, t. IV, § 662, note 4. p. 204. — Aubry et Rau, t. V, § 529, note IV. — Laurent, t. 23. n° 350.

Il est facile de voir la profonde différence que les rédacteurs du Code ont voulu établir ici, entre les donations et les simples conventions de mariage.

D'une part, les donations avec leurs règles spéciales de forme et de fond.

D'autre part, les conventions de mariage non soumises aux règles spéciales des donations.

Or, l'article 1516, dit que le préciput est une convention de mariage.

Il ne peut, par suite, être considéré comme une donation.

On peut, je crois ajouter, qu'il serait étrange qu'on put abandonner toute sa part de communauté à son conjoint (art. 1525), sans qu'il fut possible aux héritiers réservataires de faire réduire cette libéralité, tandis qu'il deviendrait impossible d'autoriser son conjoint à prélever une partie seulement de sa part de communauté sans s'exposer à la demande en réduction.

Cela serait tellement illogique, qu'on n'a pas dû y songer un seul instant.

Le préciput ne doit pas, d'ailleurs, être envisagé isolément des autres clauses, on doit, au contraire, considérer l'ensemble du contrat, duquel il peut résulter que le préciput, au lieu d'être une pure libéralité, n'est plus que la contre-partie d'autres clauses désavantageuses, qu'un dédommagement à un sacrifice fait par les futurs époux où l'un d'eux. Si par exemple, l'un des futurs époux, a, une fortune beaucoup plus considérable que l'autre, il aurait évidemment avan-

tage à adopter le régime de la séparation de biens. Il
n'y a donc pas à proprement parler, une libéralité,
quand le contrat contenant adoption du régime de la
communauté réduite aux acquêts, contient un préciput
en sa faveur. Ce n'est ici, qu'un juste dédommagement.

54. — D'après l'article 1515, la femme survivante
ne peut avoir droit au préciput, que si elle accepte la
communauté, à moins que le contrat de mariage ne lui
ait réservé ce droit même en renonçant.

Ainsi, à moins de stipulation expresse pour exercer
son préciput, la femme devra accepter la communauté.
Mais alors, si les biens de la communauté sont insuffi-
sants pour la remplir de son préciput, pourra-t-elle
exercer son recours relativement au surplus sur les
biens personnels du mari ?

Nous ne le pensons pas, car le préciput, n'est en
somme, comme nous l'avons dit, qu'une simple convention par laquelle l'un des époux est autorisé à prendre
une somme ou un objet quelconque avant le partage de
la communauté, et la femme a épuisé ses droits lorsqu'elle s'est appropriée des biens de la communauté.
La question a été résolue en ce sens par un arrêt
de la Cour de Cassation du 3 août 1852.

Au contraire, si la femme s'est réservée le droit
d'exercer son préciput, même en renonçant à la communauté, en cas de renonciation, elle n'est plus que la
créancière de son mari, devenu par sa renonciation,
propriétaire des biens de la communauté et elle

exercera alors son action sur tous les biens de son mari.

Et si la femme accepte la communauté, elle pourra toujours poursuivre le recouvrement sur les biens propres de son mari en cas d'insuffisance des biens de communauté (1).

55. — La stipulation que la femme aura le droit d'exercer le préciput, même en renonçant à la Communauté, n'a-t-elle pas une influence sur la convention et ne transforme-t-elle pas cette convention de mariage en véritable donation? Oui, sans aucun doute, car le préciput n'est qu'un prélèvement, un acte préliminaire de partage. Or, il est bien impossible qu'il y ait un prélèvement avant partage s'il n'y a pas de partage. La femme n'a plus dans ce cas un droit de préciput, de prélèvement sur la communauté, elle est simplement créancière de son mari dont elle tient ses droits en qualité de donataire.

La Cour de cassation a consacré cette opinion par un arrêt du 12 juin 1872 :

« Attendu, porte cet arrêt, qu'en cas d'acceptation « de la communauté par la femme survivante, en « faveur de laquelle un préciput a été stipulé avec « faculté de l'exiger, même en cas de renonciation, le

---

(1) Pothier, n. 448. — Toullier, t. XIII, n° 403. — Duranton, t. XV, n. 187. — Massé et Vergé, t. IV, § 662, n° 12. p. 206. — Aubry et Rau, t, V, § 529, texte et notes 19 et 20. Marcadé, n° 3. — Rodière et Pont, n. 1,568. — Colmet de Santerre, t. VI. n° 182 *bis*, IV et V. — Cassation, 12 juin 1872.

« prélèvement du préciput qui doit avoir lieu avant le
« partage de la masse, ne peut s'exercer qu'autant
« que la consistance de cette masse a été définitive-
« ment établie par le prélèvement des reprises, récom-
« penses ou indemnités dues à chacun des époux et de
« toutes les sommes qui doivent légalement être prises
« sur l'actif de la communauté; qu'en conséquence,
« lorsque, comme dans la cause soumise à la Cour, le
« montant de ces prélèvements est supérieur à l'actif
« de communauté ou de la Société d'acquêts, le pré-
« ciput ne pouvant plus se prélever sur les biens et
« valeurs dépendant de la masse commune, est pris
« nécessairement sur la succession du mari, qu'il
« constitue dès lors pour la femme, non plus une
« simple convention de mariage, mais un avantage
« entre époux à la charge exclusive des biens du pré-
« décédé. »

56. — La clause de préciput étant une convention
qui déroge au droit commun, aux règles générales de
la communauté légale, doit s'interpréter restrictive-
ment, et cette interprétation devra s'appliquer, soit aux
choses qui sont comprises dans le préciput, soit aux
personnes qui peuvent le réclamer (1).

57. — La mort naturelle ou civile donne ouverture
au préciput, dit l'article 1517, mais rien n'empêche
les futurs époux de le stipuler au profit de tel époux

(1) Guillouard. — Traité du contrat de mariage, t. III, p. 482.

pour toute dissolution de communauté, même par la séparation de biens (1).

Remarquons en passant, que si le préciput avait été stipulé au profit de tel des époux seulement, et que ce fut contre lui que le divorce ou la séparation de corps fut prononcée, le préciput ne serait jamais dû.

58. — C'est à l'époux qui prétend exercer le préciput, de prouver que le droit s'est ouvert à son profit ou au profit de son auteur. Dans ce dernier cas, c'est aux héritiers qu'incombe la preuve à établir du fait de survie. Et si les deux époux ont trouvé la mort dans le même accident, la communauté doit se partager par 1/2 dans l'impossibilité ou l'on est de prouver lequel des deux époux a survécu. On ne saurait invoquer ici les présomptions de survie posées par les articles 720 à 722. C'est du moins l'avis de tous les auteurs (2), bien qu'on arrive ainsi à un résultat bizarre, car les héritiers de l'un des conjoints pourront invoquer les présomptions des articles 720 à 722 pour appréhender toute la succession du conjoint considéré comme prédécédé, s'il n'existe aucun héritier légitime et aucun enfant naturel, et ils ne pourront pas se prévaloir des mêmes présomptions pour obtenir le bénéfice du préciput.

(1) Toullier, t. XIII, n° 398. — Duranton, t. XV, n° 181. — Rolland de Villargues, n° 26. — Marcadé, sur l'art. 1517, n° 1.
(2) Troplong, n° 2,127. — Rodière et Pont, t. III, n° 1,549. — Aubry et Rau, t. V, § 529. — Demolombe, t. 13, n°s 117 à 119. — Marcadé, sur l'art. 1,517.

Mais l'article 720 est formel et exige absolument que les personnes décédées soient respectivement appelées à la succession l'une de l'autre, pour que l'application des présomptions établies puisse être faite.

59. — Lorsque la dissolution de la communauté s'opère par le divorce ou par la séparation de corps dit l'article 1518, il n'y a pas lieu à la délivrance actuelle du préciput, mais l'époux qui a obtenu, soit le divorce, soit la séparation de corps, conserve ses droits au préciput, en cas de survie. Si c'est la femme, la somme, ou la chose qui constitue le préciput, reste toujours provisoirement au mari, à la charge de donner caution.

La première phrase de cet article demande peu d'explication.

La communauté est dissoute par le divorce ou la séparation de corps, mais les époux n'ayant pas stipulé que ces événements donneraient lieu à la délivrance du préciput, jusqu'au décès de l'un d'eux, il ne peut y avoir lieu à la délivrance actuelle du préciput.

L'époux qui a obtenu le divorce ou la séparation de corps, conserve ses droits pour le cas de survie, *a contrario*, l'époux coupable les perd.

L'article ne parlant pas ici de la séparation de biens, il n'y a donc aucune déchéance pour le mari, contre lequel la séparation de bien a été prononcée.

« La seconde phrase de l'article, aussi mal rédigée

que possible, dit Marcadé, signifierait que dans tous les cas où c'est la femme qui conserve un droit éventuel au préciput, le mari retient jusqu'au décès de l'un des conjoints, tout ce qui fait l'objet de ce préciput. Mais, cette interprétation est inadmissible, car la femme se trouverait lésée au moment de la dissolution de la communauté, avec le seul espoir de bénéficier un jour du préciput (1) ».

Les rédacteurs du Code, ont voulu parler seulement du cas où la femme a stipulé le préciput même en renonçant à la communauté et c'est uniquement à la femme renonçante que s'applique notre disposition.

Tous les auteurs sont d'accord sur ce point (2).

Donc pas de doute pour le cas où la femme renonce à la communauté, elle pourra demander caution à son mari pour la totalité du préciput stipulé.

Mais si la femme accepte la communauté, aura-t-elle

(1) Soit en effet, une communauté présentant un actif net de 50,000 francs et sur laquelle la femme a stipulé un préciput de 10,000 francs, la femme qui en toute hypothèse et alors même qu'elle mourrait la première, a toujours droit à sa moitié de communauté ou 25,000 francs, serait tenue dans ce système de laisser jouir son mari, non seulement de la moitié du préciput éventuel, entrant au lot de ce mari, mais encore de la moitié tombant dans son lot à elle et ne pourrait dès lors prendre, lors du partage, que 20,000 francs. Cette femme qui aurait 25,000 francs, si elle n'avait stipulé aucun avantage particulier n'en aura que 20,000 francs, parce qu'elle a eu soin de se réserver un préciput ! (Marcadé).

(2) Delvincourt, t. III. — Toullier, t. XIII, n° 397. — Duranton, t. XV, 194. — Rolland de Villargues. — Zachariæ, t. III, p. 550. Paul Pont et Rodière, 1,560. — Taulier, t. V, p. 205. — Battur, n. 2.936. — Dalloz, n° 2,936.

le droit de demander caution au mari, pour la restitution de la moitié du préciput, resté entre les mains du
mari et confondu avec sa part de communauté?

Certains auteurs l'admettent (1), mais cette opinion
doit être rejetée, parce que la faculté de demander
caution est une disposition exceptionnelle et n'existe
que pour celui auquel une convention ou un texte de
loi l'accorde formellement. Or, l'article 1518, ne
l'accorde à la femme, qu'au cas où la somme (ou la
chose) qui constitue le préciput, reste provisoirement
au mari, c'est-à-dire au cas de renonciation.

On conçoit très bien d'ailleurs, que le droit d'exiger
caution, refusé pour les cas ordinaires, ait été admis
plus facilement en présence de ces deux faits, que le
mari, d'une part, retient la totalité du préciput et non
une partie seulement et que, d'autre part, le mauvais
état de la communauté (revelé par la renonciation
même de la femme), présente moins de sécurité sur la
manière d'administrer du mari (2).

Il est à peine besoin d'ajouter que l'article 1518
(deuxième phrase) ne s'appliquant qu'à la femme, le
mari ne peut en aucun cas, et alors même que la communauté aurait été dissoute, par suite d'un divorce
ou d'une séparation de corps, prononcée sur sa

____

(1) Delvincourt, t. III, p. 48. — Duranton. — Taulier. —
Zachariæ. — Odier, n° 881. — Troplong, n° 2.135. — Laurent,
n° 359.

(2) *Sic*-Toullier. — Marcadé, sur l'art. 1.518. — Rodière et
Pont. — Aubry et Rau. — Massé et Vergé. — Guillouard.
traité du cont, de mariage.

8

demande, exiger de la femme qui accepte la communauté, une caution, pour la restitution de la moitié de la somme ou des objets soumis à son préciput (2).

CLAUSES PAR LESQUELLES ON ASSIGNE A CHACUN DES ÉPOUX DES PARTS INÉGALES DANS LA COMMUNAUTÉ.

60. — En principe, chaque époux a droit à la moitié de la communauté, mais ce principe d'égalité peut-être modifié par les époux.

L'article 1520, indique trois modifications possibles.

« Les époux peuvent déroger au partage égal
« établi par la loi, soit en ne donnant à l'époux survi-
« vant ou à ses héritiers dans la communauté, qu'une
« part moindre que la moitié, soit en ne lui donnant
« qu'une somme fixe, pour tout droit de communauté,
« soit en stipulant que la communauté entière, en
« certain cas, appartiendra à l'époux survivant ou à
« l'un des deux seulement.

Ces modifications ont toutes pour résultat, d'avantager l'un des époux. Or, ici encore, la libéralité faite à cet époux par son conjoint, est réputée simple convention de mariage et non donation, par suite de l'indication contenue en l'article 1525, qui s'ap-

(2) Toullier, t. XIII, n° 397. — Bellot, t. II, p. 274. — Odier, t. II, n° 880. — Marcadé, art. 1,518, n° 3. — Rodière et Pont, n° 1.561. — Aubry et Rau, t. V, § 529, note 16. — Massé et Vergé, t. IV, § 662 note 9. — Laurent, t. XXIII, n° 359. — Voir cependant. Duranton, t. XV, n° 194. — Taulier, t. V, p. 205.

plique évidemment aux autres clauses modificatives
de la communauté.

61. — Rappelons le texte de l'article 1525 :

« Il est permis aux époux de stipuler que la totalité
« de la communauté appartiendra au survivant ou à
« l'un deux seulement, sauf aux héritiers de l'autre,
« à faire la reprise des apports et capitaux tombés
« dans la communauté du chef de leur auteur. —
« Cette stipulation n'est point réputée, un avantage
« direct sujet, aux règles relatives, aux donations,
« soit quant au fond, soit quant à la forme, mais sim-
« plement une convention de mariage et entre associés ».

Ainsi les héritiers du conjoint décédé, devront faire
la reprise des apports et capitaux tombés dans la communauté du chef de leur auteur.

Il en est autrement, en ce qui concerne la clause de
répartit on inégale de la communauté et la clause de
forfait de communauté. Dans ces deux cas, en effet,
l'époux qui n'a qu'une part moindre dans la communauté ou une somme fixe, pour unique droit, ne peut
reprendre ses biens entrés en communauté.

La différence s'explique tout naturellement, en
considérant que dans le cas d'attribution de la totalité
de la communauté au survivant, les héritiers sont
privés de toute espèce de part dans la communauté, il
est donc juste, qu'ils reprennent au moins les apports
de leur auteur, autrement les héritiers du prédécédé,
n'auraient non seulement aucun bénéfice, mais encore,
éprouveraient une perte du fait du mariage. Dans la

clause de partage inégal et dans la clause de forfait au contraire, les héritiers ont une part dans la communauté ou une somme représentative de cette part, dès lors, ils ne doivent pas reprendre les apports qui constituent une partie de cette communauté (1).

62. — Les époux peuvent-ils étendre la clause de l'article 1525 et stipuler que le survivant prendra toute la communauté y compris les biens provenant du chef du prémourant?

Un auteur (M. Battur, t. II, p. 489), a prétendu que cette convention serait nulle, et M. Bellot partage cette opinion.

Rien ne semble justifier la nullité d'une telle clause, qui n'est en aucune façon contraire aux bonnes mœurs ou à l'ordre public. Aussi la grande majorité des auteurs et la jurisprudence sont-ils d'accord pour en admettre la validité.

Mais d'après les mêmes auteurs, la clause ainsi modifiée, ne serait plus une convention de mariage, elle deviendrait au fond une véritable donation, réductible d'après les règles ordinaires et constituerait une donation pour le tout, non seulement à concurrence des apports de l'époux, mais aussi de sa part dans les bénéfices de communauté (**2**).

(1) Cassation, 12 juillet 1842. — Douai, 9 mai 1849. — Troplong, n° 2,172. — Rodière et Pont, t. III, n° 1,609. — Aubry et Rau. t. V, § 530 et note 12, p. 508. — Colmet de Santerre, t. VI, n° 193 bis, 11. — Guillouard, t. III, p. 504..

(2) Cassation, 24 décembre 1850. — 21 mars 1860. — 9 août 1881. — 29 avril 1863. — 15 janvier 1872. — Delvincourt, t. III,

Nous ne pouvons admettre, en son entier, cette dernière conséquence.

L'article 1525, permet à l'un des époux de prendre la totalité de la communauté, mais sous la réserve, que les héritiers de l'autre époux, feront la reprise des apports et capitaux tombés dans la communauté du chef de leur auteur.

Si donc, les futurs époux conviennent que les héritiers du prémourant ne pourront exercer cette reprise des apports et capitaux, tombés dans la communauté du chef de leur auteur, ils dépassent les limites assignées par l'article 1525, le bénéfice que le survivant va retirer de cette modification, constituera donc une véritable donation réductible, comme toute donation à la quotité disponible ordinaire, possible du droit de mutation par décès, etc.

Mais conclure que cette modification va changer totalement la portée de la clause et dire que tous les avantages retirés par le survivant constitueront une donation passible des règles ordinaires, c'est dénaturer complètement l'intention des parties, c'est arriver en pratique à des conséquences absolument extraordinaires.

Supposons en effet deux époux apportant en mariage chacun 10,000 francs, et qui ont déclaré dans leur contrat que le survivant aurait droit à la totalité de la communauté.

p. 325. — Rodière et Pont, n° 1.609. — Marcadé, sur l'art. 1525. — Odier, n° 923. — Aubry et Rau, t. V, p. 510. — Laurent, t. XXIII n° 382. — Guillouard, t. III, p. 505.

A la dissolution de cette communauté, il y a des enfants du mariage et la communauté se compose de 100,000 francs, y compris les apports des époux.

Le survivant prendra la totalité de cette somme sous déduction de l'apport de son conjoint, soit 90,000 francs.

Prenons les mêmes faits, mais supposons cette fois que le contrat ait stipulé que les héritiers du prédécédé ne pourraient faire la reprise de l'apport.

Alors en admettant que cette convention produise les effets d'une donation pour le tout, l'époux survivant aura droit pour sa part à 45,000 francs et ensuite sur celle du prémourant seulement à 1/4 en propriété, soit 11,250 francs et 1/4 en usufruit.

Ainsi les époux, qui ont voulu augmenter les avantages permis par l'article 1525, sont arrivés à un résultat contraire.

Est-ce admissible et est-ce juste? Non certainement, car les futurs époux ont entendu se conférer les avantages les plus étendus possibles et on doit, d'après l'article 1156, rechercher dans les conventions, quelle a été la commune intention des parties contractantes, plutôt que de s'arrêter en sens littéral des termes. Or, en somme, c'est sur les termes mêmes de la clause que s'appuient nos adversaires. « On ne peut pas dire qu'il y a deux dispositions dans le contrat de mariage, dit M. Guillouard, l'une, l'attribution des acquêts au survivant qui serait une convention de mariage, l'autre, l'attribution des meubles apportés en communauté par l'autre époux, qui constituerait une donation. La clause forme un tout indivisible, car la pensée qui l'a inspirée est une pensée unique, la volonté de faire une libéralité ».

Toutefois afin d'éviter toute difficulté, les futurs époux qui voudraient augmenter le bénéfice de la convention de mariage permise par l'article 1525 pourraient rédiger leurs conventions dans le contrat par deux clauses ainsi conçues :

La première. — Comme convention de mariage permise par l'article 1525 du Code civil, l'actif de communauté, en cas de dissolution par le décès de l'un des époux appartiendra en totalité au survivant des futurs époux, sans exception à la charge par lui comme de droit de payer toutes les dettes de la communauté.

Et là deuxième. — Les futurs époux se font donation par le prémourant au survivant ce qu'ils acceptent respectivement des apports et capitaux tombés dans la communauté du chef du prémourant et que sans cette donation les héritiers dudit prémourant auraient le droit de reprendre en vertu de l'article 1525 du Code civil.

De cette façon, la volonté des futurs époux nous semble devoir être respectée dans tous les cas, sauf bien entendu la réduction que les héritiers réservataires pourront faire subir à la libéralité résultant de la deuxième clause.

63. — Il nous reste à voir à quel titre les héritiers de l'époux prédécédé exercent la reprise des apports et capitaux de leur auteur et s'ils sont co-propriétaires de la communauté à raison de la reprise des apports et capitaux de leurs auteurs ou au contraire simplement créanciers pour la valeur de ces apports.

Nous croyons qu'ils exercent cette reprise à titre de simples créanciers. En effet, ces apports ont été confondus dans la communauté en vertu de l'article 1401 et en sont devenus une partie intégrante. Lors de la dissolution, la totalité de cette communauté étant attribuée à l'un des époux, les héritiers de l'autre époux n'exercent qu'un droit de créance car il n'y a pas lieu à partage de la communauté (1).

(1) Cassation, 7 avril 1862. — Rodière et Pont. — Lauren t. XXIII, n° 376. — Troplong, n° 2.177 et 2,182. — Guillouard, t. III, p. 506.

CHAPITRE IV

Application aux libéralités par contrat de mariage du principe de l'immutabilité des conventions matrimoniales.

---

64. — L'article 1395 du Code civil porte que les conventions matrimoniales ne peuvent recevoir aucun changement après la célébration du mariage.

Cet article s'explique facilement, car il eut été inutile de stipuler dans l'article 1394, que les conventions matrimoniales devaient être rédigées avant le mariage, s'il avait été permis de les modifier après, et cette exigence a sa raison d'être.

Les tiers auraient été exposés à des fraudes, si les futurs époux avaient pu, au cours du mariage, modifier leurs conventions primitives, si par exemple, la femme mariée sous le régime de la communauté avait eu l'autorisation de substituer à ce régime de droit commun, pendant le mariage un régime d'exception.

Cette règle se justifie encore par le désir que le

législateur a eu de protéger la femme. Celle-ci en
effet, peut débattre librement ses conventions matrimoniales avant le mariage. Elle n'est retenue alors
par aucun lien, elle a toute sa liberté d'action.

Mais après la mariage, il n'en est plus ainsi, le
mari prend le plus souvent sur sa femme, un ascendant qui ne permet plus à celle-ci de protéger effica-
cement ses intérêts, et le mari pourrait, en abusant
de son autorité, amener la femme à consentir à des
modifications qui lui seraient très préjudiciables. Au
cas où elle résisterait aux exigences de son mari, la
bonne harmonie du ménage ne pourrait qu'en souffrir
beaucoup.

Aussi tous les auteurs s'accordent-ils à trouver
très utiles les dispositions des articles 1394 et 1395 (1).

65. — Le principe édicté par l'article 1395 s'applique-t-il aux libéralités contenues dans le contrat
de mariage?

Nous pouvons répondre affirmativement, bien que
nous nous réservions de montrer que les avantages
contenus dans le contrat peuvent être modifiés en un
certain sens, mais en principe les libéralités faites
par contrat sont soumises au principe de l'immutabilité comme les autres conventions matrimoniales.

Il en était déjà ainsi dans notre ancien droit.

« Un second caractère qui est propre aux conven-

(1) Aubry et Rau, t. V, § 503 *bis*, texte et note 1, p. 252. —
Laurent, t. XXI, n° 57. — Colmet de Santerre, t. VI. n° 11 *bis*,
11. — Guillouard. — Traité du cont. de mariage, n° 215.

tions matrimoniales *et aux donations portées par les contrats de mariage*, disait Pothier, est qu'aussitôt qu'elles ont été confirmées par la célébration du mariage qui a suivi le contrat, il n'est plus permis aux parties d'y déroger en rien, même par leur consentement mutuel. »

Le Code civil n'a apporté ici aucune novation, les articles 1394 et 1395 ont pour but de protéger les tiers, les époux, surtout la femme, contre des modifications qui ne présentent pas les garanties de sincérité et de liberté qu'offrent les conventions rédigées avant le mariage. Ces motifs conduisent à la nullité absolue de toute dérogation au contrat, quelle qu'elle soit (1).

C'est donc avec raison qu'il a été jugé à diverses reprises que le principe, qui interdit tout changement aux conventions matrimoniales, s'applique aussi bien aux donations faites par des tiers en vue du mariage qu'aux conventions faites par les époux eux-mêmes (2).

Et qu'à plus forte raison, les donations entre époux faites par contrat de mariage, sont des conventions matrimoniales essentiellement irrévocables (3).

66. — Cependant, il arrive fréquemment que les époux se font pendant le mariage des donations nou-

(1) Guillouard. — Cont. de mar.. n° 222.
(2) Bastia, 16 janvier 1856. — Limoges, 13 Juillet 1878.
(3) Metz, 26 Novembre 1823.

velles, et modifient jusqu'à un certain point les donations contenues dans leur contrat de mariage. Il semble qu'il y a dans ce cas une contradiction avec
le principe d'immutabilité dont nous venons de
parler.

Il n'en est rien toutefois, et ce principe d'immutabilité peut se concilier avec le droit de disposition
qui appartient aux époux sur leur patrimoine et
qu'on ne saurait entraver sans de grands inconvénients.

Ce que la loi défend aux époux, c'est d'annuler la
libéralité contenue au contrat, c'est-à-dire d'en stipuler l'inexécution.

Ainsi le futur époux, a stipulé qu'au cas où la future
épouse lui survivrait, elle aurait droit à un préciput
de 10,000 francs après le mariage ; pendant sa durée,
la femme ne pourra pas valablement renoncer à cet
avantage.

De même, si les futurs époux se sont faits une donation mutuelle, ils ne pourront pas au cours du
mariage convenir que cette donation sera nulle, ou
qu'elle ne profitera qu'à l'un deux.

« Et peu importe que l'avantage auquel l'un des
conjoints renonce, soit une donation de biens présents
ou une donation de biens à venir ; la renonciation est
également nulle dans les deux cas. Elle est nulle par
application de l'article 1395, s'il s'agit d'une donation
de biens présents ; et s'il s'agit d'une donation de
biens à venir, cette renonciation est nulle, d'abord
en vertu de l'article 1395, puis en vertu des articles

791 et 1130 et comme constituant une renonciation à une succession future (1) ».

La loi défend aux époux d'abdiquer les droits qu'ils tiennent d'une donation par contrat de mariage, lorsque cette renonciation n'a pour résultat que de restituer au conjoint donateur, la libre disposition de ses biens (2), mais elle leur permet de renoncer aux avantages faits par l'autre conjoint, si cette renonciation est faite au profit de l'un des enfants des époux et lui transfère l'avantage auquel le donataire renonce (3).

67. — Au contraire, le principe d'immutabilité des conventions matrimoniales ne fait pas obstacle à ce que les époux augmentent le bénéfice résultant des donations contenues au contrat de mariage. Les futurs époux se sont faits, par exemple, donation réciproque par le prémourant au survivant de l'usufruit de tous les biens meubles et immeubles, composant la succession du prédécédé ; au cours du mariage, les époux pourront valablement se faire une nouvelle donation comprenant cette fois, la toute propriété des mêmes biens.

(1) Guillouard. — Cont. de mar., n° 234.
Sic-Aubry et Rau, t. V, § 503 bis. — Laurent. t. XXI, n° 78. Toulouse, 15 avril 1842.

(2) Aubry et Rau, t. V, § 503 bis. — Orléans, 4 août et 28 décembre 1819. — Cassation, 11 et 12 janvier 1853. — Caen, 23 mai 1861.— Agen, 13 juillet 1868. — Montpellier, 12 août 1847.

(3) Cassation, 18 avril 1812. — Agen, 12 mai 1848. — Cassation, 16 juillet 1849.

Il n'y a là, en effet, aucune atteinte au principe d'immutabilité, car les futurs époux n'ont jamais entendu limiter à l'usufruit des biens, la donation faite par contrat de mariage, et le fait par le survivant de recueillir une toute-propriété ne change en rien le caractère immuable de la première donation. Une toute-propriété comprend en effet l'usufruit, et par suite, cette première donation a été augmentée et non annulée.

La même solution s'applique évidemment au cas où la donation contenue au contrat ne comprendrait qu'un objet particulier ou une somme déterminée, et serait augmentée par un autre acte au cours du mariage d'autres objets, de sommes plus fortes, ou encore deviendrait une donation universelle.

Et l'immutabilité des conventions matrimoniales qui permet les donations nouvelles, n'exclut même pas les donations inverses.

Il s'agit ici d'époux qui, dans leur contrat de mariage, ont stipulé un avantage au profit du survivant, le prémourant a fait par exemple donation à son conjoint d'une somme de 10,000 fr. à prendre sur sa succession. Puis, par un acte postérieur au mariage, les époux stipulent que le survivant devra à la succession du prédécédé pareille somme de 10,000 fr.

Mais objectera-t-on, ici, la donation première se trouvera en fait annulée et il y aura violation de l'article 1395.

Nullement, modifier n'est pas annuler, il y a deux donations, donations qui aboutissent en réalité au résultat voulu, c'est-à-dire, à détruire la première donation, mais ici encore on ne saurait prétendre que l'article 1395 a été violé, le survivant recueillera bien le bénéfice de la première donation, ainsi que le veut l'article 1395, mais il se trouvera d'un autre côté débiteur de la somme dont le fait bénéficier la première donation, et en réalité il ne recueillera rien.

Une objection qui peut sembler irréfutable vient immédiatement à l'esprit.

Il est reconnu par tous, dira-t-on, que les époux ne peuvent abdiquer pendant le mariage les droits qu'ils tiennent d'une donation par contrat de mariage, lorsque cette renonciation doit profiter uniquement au conjoint donateur. Or, avec la théorie de la donation inverse, on arrive par un moyen détourné au même résultat. Une telle subtilité ne saurait être admise, et par suite, la donation inverse équivalant à une renonciation, doit également être considérée comme nulle.

La réponse est facile.

Il y a une différence très grande entre la renonciation à une donation faite par contrat et une donation inverse de celle faite par ce même contrat.

La renonciation, si elle était admise, serait irrévocable. L'époux, après sa renonciation, n'aurait plus aucun droit et spécialement la femme donataire de son mari, par contrat de mariage, qui, sous une contrainte quelconque, aurait renoncé à la donation, serait définitivement dépouillée de ses droits.

Les effets d'une donation inverse sont tout diffé-

rents, car il ne faut pas oublier ici, qu'aux termes de
l'article 1096, toutes donations faites entre époux,
pendant le mariage, quoique qualifiées entre-vifs, sont
toujours révocables et que la révocation peut toujours
être faite par la femme sans y être autorisée par le
mari, ni par la justice.

Par suite, les époux pourront toujours révoquer la
seconde donation et continuer à bénéficier de la première, qui n'a jamais cessé d'exister. Cette donation,
a continué à produire ses effets, elle a été un instant,
il est vrai, nous ne dirons pas annulée, mais rendue
inefficace par une nouvelle disposition, qui, devenant
nulle, laisse subsister en entier les effets de cette première donation.

CHAPITRE V

Conditions dont peuvent être affectées les donations par contrat de mariage.

---

68. — Les donations par contrat de mariage, peuvent être affectées de toutes conditions licites et non contraires aux mœurs.

Nous allons examiner un certain nombre de conditions sur la validité desquelles il peut y avoir doute.

Rappelons qu'aux termes de l'article 900, les conditions impossibles, contraires aux lois ou aux mœurs sont réputées ici non écrites.

Condition de ne pas se remarier.

69. — Nous allons d'abord examiner la question au point de vue d'une prohibition générale faite par le prémourant à son conjoint.

9

L'opinion la plus générale, admet la validité de cette clause.

« D'abord, que la condition de garder viduité puisse être imposée *dans tous les cas* par l'époux prémourant à l'époux survivant, cela nous paraît certain, dit Demolombe, et non seulement par le mari à sa femme, mais encore par la femme à son mari. Chacun sent dans son âme les légitimes motifs de tendresse et de susceptibilité qui peuvent dicter une telle condition au prémourant et qu'il est légitime, en effet qu'il ne veuille pas que sa libéralité serve de dot à un nouveau mariage (1).

Certains auteurs n'admettent la validité de cette clause que dans le cas où le conjoint survivant a des enfants (2).

Enfin une troisième opinion qui a été vivement défendue par M. Laurent, considère au contraire la condition de viduité comme illicite.

« La loi des 5-12 septembre 1791 relative aux clauses impératives ou prohibitives insérées dans les

(1) Colmar, 8 août 1819. — Toulouse, 25 avril 1826. — Pau, 21 décembre 1844. — Rouen, 16 juillet 1834. — Cassation, 18 mars 1867. — Rennes, 17 février 1879. — Nancy, 20 décembre 1879.

Ricard, n° 245 et suiv. — Furgole, n° 60 et suiv. — Merlin. — Chabot. — Toullier, t. V, n° 259. — Grenier, n° 157. — Proudhon, usuf. t. 1, n° 409. — Vazeille, n° 15. — Poujol, n° 18. — Coin Delisle, n° 39. — Troplong, n° 249. — Massé et Vergé, t. III, § 467, note 9. — Saintespès Lescot, t. I, n° 136. — Demolombe, t. I, n° 250.

(2) Duranton, t. VIII. n° 128. — Rodière et Pont, Cout. de mar. t. I, n° 58.

testaments, donations ou autres actes, dit M. Laurent, est ainsi conçue : « Toute clause impérative ou prohibitive qui serait contraire aux lois ou aux bonnes mœurs, qui porterait atteinte à la liberté religieuse du donataire, héritier ou légataire, qui gênerait la liberté qu'il a, soit de se marier, même avec une telle personne, soit d'embrasser tel état, emploi ou profession, ou qui tendrait à le détourner de remplir les devoirs imposés et d'exercer les fonctions déférées par la Constitution aux citoyens actifs et éligibles, est réputée non écrite. » Cette disposition fut reproduite par les lois du 5 brumaire, an II (art. 1) et du 7 nivôse, an II (art. 12).

« Que l'on considère ces lois comme obligatoires ou non, peu importe, elles sont l'expression des idées morales et politiques de 1789, et ces idées sont celles de la société moderne. Donc, ce sont les lois révolutionnaires qui doivent servir d'interprétation à l'article 900. Le principe fondamental de ces lois, c'est la liberté de l'individu, liberté absolue en tant qu'elle ne porte pas atteinte à la liberté d'autrui. Ce principe est la base de notre ordre politique, il est inscrit dans nos constitutions, il doit aussi pénétrer dans nos mœurs par le droit. »

« Il faut donc en cette matière, rejeter résolument la tradition du passé, la tradition romaine, ainsi que la tradition catholique. »

A cela on a objecté que la clause de ne pas se remarier, n'avait rien d'immoral en soi, de la part du donateur.

M. Laurent répond :

« La condition peut très bien être contraire aux
mœurs quelques pures que soient les intentions du
disposant. Il suffit que la liberté du donataire soit
entravée pour que la condition soit illicite : de sorte
qu'il faut réprouver toutes les conditions qui placent le
donataire entre son intérêt et son devoir. »

Il n'admet donc pas la validité de la condition de ne
pas se remarier (1).

II. Nous venons de passer en revue les diverses
opinions émises relativement au sujet qui nous occupe,
il nous faut maintenant indiquer notre avis sur la
question.

A la vérité, c'est une chose fort délicate, car d'une
part, il faut dans la mesure du possible respecter les
intentions du donateur et d'autre part ne pas blesser
l'ordre public ou les bonnes mœurs.

C'est pourquoi, nous croyons qu'aucune des théories
ci-dessus exposées ne peut être adoptée en son entier,
parce qu'elles sont trop générales, qu'elles donnent
une même solution pour des cas bien différents et
qu'elles aboutissent par suite à des résultats souvent
déplorables.

Si l'on admet, en effet, la théorie de M. Laurent,
sans aucune restriction, il faudra dans tous les cas,
déclarer non écrite la condition de ne pas se remarier.
Or, si dans un certain nombre de cas, comme nous le
démontrerons tout à l'heure, cette solution est juste et

(1) Sic-Pezzani. *Des empêchements du mariage*, n° 135. —
Taulier, *Théorie Code civil*, t. IV, page 323.

équitable, il n'en sera pas de même, quand par exemple, la donation ayant été faite à une femme de 60 ou 70 ans, celle-ci dans le but de convoler avec un jeune homme, voudra faire annuler la condition de ne pas se remarier à elle imposée, ou lorsqu'un homme veuf d'une femme honorable et de bonne famille, se remariera avec une prostituée.

Est-ce que dans ces cas, les bonnes mœurs ne seraient pas odieusement outragées par la solution qu'admet M. Laurent ?

Reconnaître au contraire, dans tous les cas, la validité de la clause, c'est aboutir la majeure partie du temps à des conséquences profondément immorales.

« Le mariage, a dit Furgole, est une chose sainte, il a été élevé dans la loi nouvelle à la dignité d'un sacrement, rien n'est plus favorable ni plus utile à la société civile et à la religion, puisqu'il donne des sujets pour le soutien et l'appui des Etats. »

Cela est certainement vrai, et nous avons vu que le législateur voit le mariage d'un œil très favorable. Or, supposons un conjoint veuf après quelques années, parfois même quelques mois ou quelques jours d'une union heureuse, et bénéficiaire d'une donation affectée de la clause de nullité en cas de second mariage. L'intention du gratifiant, n'a certes en elle-même, rien d'immoral, mais n'est-il pas vrai, comme le dit si bien, M. Laurent, que, quelques pures que soient les intentions du disposant, la condition est néanmoins contraire aux mœurs.

Le donataire éprouvera dans la plupart des cas, le

désir de se remarier, c'est un droit que lui confère la loi « droit favorable et utile à la société civile, suivant Furgole », mais si son désir, on pourrait même dire son devoir, en se plaçant au point de vue social, le pousse à un nouveau mariage, l'intérêt, ce grand ressort de la plupart de nos actions, est là, en opposition directe. Conclusion : neuf fois sur dix, l'intérêt l'emportera, l'homme ou la femme devenu veuf ne pourra fonder un nouveau foyer, goûter à nouveau les joies pures du mariage, et assez fréquemment sa vie privée sera un véritable scandale au point de vue des mœurs. Ces conséquences ne sont point une pure hypothèse, il suffit de regarder autour de soi pour s'en convaincre, pour nous, nous avons eu l'occasion de les voir de près bien des fois déjà.

Eh bien, nous le demandons, est-ce le résultat qu'a voulu le donateur ? C'est peu probable, mais l'eût-il prévu, la loi doit-elle le tolérer ? Non, cent fois non. Amicus Plato, disait l'ancien, *sed magis amica veritas*. De même ici, le législateur peut dire : « L'intention doit être respectée, mais avant tout, les bonnes mœurs ne doivent pas être offensées. La clause doit donc être considérée comme non écrite. »

Dans le cas même, où le donataire serait parvenu à un âge avancé, nous croyons que ce ne serait pas une raison suffisante pour reconnaître la validité de la condition, si le mariage qu'il prétend contracter n'a rien de choquant, relativement aux âges respectifs des époux ou à leur situation morale, car le mariage n'a pas pour but unique, la procréation des enfants, mais, est de plus une Société de secours et d'assistance, et il est juste d'espérer des attentions plus délicates, des soins plus intelligents et plus dévoués d'un époux que d'un mercenaire auquel nul lien ne vous attache.

Notre conclusion sera donc celle-ci :

Le mariage est un droit fondamental accordé par la loi à chaque individu et toute condition qui gêne la liberté d'un mariage raisonnable et naturel, doit être considérée comme contraire aux mœurs, et par conséquent non écrite ; au contraire, cette condition sera valable, quand le mariage sera déraisonnable et qu'il y aura entre les époux une disproportion considérable, soit comme âge, soit comme situation sociale.

On peut objecter à cette solution, que les intéressés seront livrés à l'arbitraire des tribunaux, mais si les juges se trompent parfois, il n'en est pas moins vrai, que ce sont des hommes éclairés et justes, et d'un autre côté, en tranchant la question dans un sens absolu, il est impossible d'arriver à un résultat satisfaisant.

70. — La Cour de Caen a rendu le 24 juillet 1894, l'arrêt suivant, qui est conforme à la théorie que nous venons d'indiquer :

« La Cour. — Attendu que X... est décédé le « 17 février 1892, laissant un testament olographe « du 28 octobre 1891, instituant sa femme légataire « universelle et contenant sous l'article 5, une clause « ainsi conçue : si mon épouse venait à convoler en « secondes noces, elle perdrait une partie des avan-

« tages que peut lui donner le présent testament...,
« que les avantages dont la dame X..., serait ainsi
« privée, sont détaillés et attribués à d'autres léga-
« taires.

« Attendu qu'il importe peu que le testateur ait
« soumis à la condition de ne pas se remarier, la
« totalité ou seulement la majeure partie de sa libé-
« ralité, que les raisons de décider sont les mêmes
« pour le tout ou pour partie.

« Attendu que la loi du 17 nivôse, an II, avait
« expressément édicté la nullité radicale d'une pareille
« condition ; que cette loi a été abrogée par l'ar-
« ticle 900 du Code Civil, qui se borne à réputer, non
« écrite, toute condition contraire aux lois et aux
« bonnes mœurs et qui laisse *à l'appréciation des*
« *tribunaux la question de savoir, si telle est la*
« *condition de non convol.*

« Attendu que *dans certains cas, la prohibition de*
« *se marier ou de se remarier, n'a rien de contraire*
« *aux lois et aux mœurs et peut paraître licite*
« *lorsqu'elle repose sur des motifs sérieux ; qu'elle*
« *est imposée à un légataire que le testateur veut*
« *protéger contre sa faiblesse, par exemple, s'il*
« *s'agit de vieillards, de malades incurables, ou de*
« *personnes ayant des enfants d'un premier lit, mais*
« *attendu qu'il en est autrement dans la cause,*
« *qu'aucun motif sérieux, ne peut même être allégué*
« *pour justifier la prohibition, imposée à la dame X...*

« Attendu qu'il est reconnu que la dame X... a tou-
« jours été d'une conduite irréprochable et une épouse

« affectueuse et dévouée, qu'au moment du testament
« elle avait 19 ans, qu'elle n'en avait pas 20 au mo-
« ment du décès de son mari, qu'il est impossible
« d'imposer sans motifs sérieux, à une jeune femme de
« son âge, sous peine de perdre la majeure partie de
« sa fortune, une condition qui l'oblige à garder un
« célibat perpétuel, pour lequel elle peut n'avoir
« aucune vocation, alors qu'elle a déjà expérimenté le
« mariage, que c'est porter atteinte à sa liberté indi-
« viduelle, *et sinon l'exciter, du moins l'exposer à*
« *tomber dans l'inconduite ou le concubinage; qu'il*
« *est d'ailleurs dans l'intérêt public et dans l'esprit*
« *de la loi, de favoriser les mariages et la procréa-*
« *tion d'enfants légitimes.*

« Par ces motifs, déclare nulle et non écrite, la
« condition imposée par X..., à sa veuve de ne pas se
« remarier ».

Les adversaires de la veuve X... s'étant pourvus en
cassation contre l'arrêt ci-dessus, la chambre civile a
cassé cet arrêt le 22 décembre 1896, pour les motifs
ci-après :

« Attendu que cette condition, etc.

« Attendu qu'elle (la condition) ne peut être répu-
« tée non écrite, que dans le cas où elle aurait été
« inspirée au testateur, par des motifs répréhensibles
« dont la preuve incombe à la partie qui en demande
« l'annulation et qui doivent être précisés par les juges
« du fond.

« Attendu cependant que l'arrêt attaqué, après avoir
« déclaré qu'aucun motif sérieux ne pouvait être

« allégué dans l'espèce, pour justifier la prohibition
« édictée par le testament, se fonde uniquement pour
« en prononcer la nullité, sur l'âge de la femme et sur
« les dangers qui résulteraient pour elle de l'obliga-
« tion de viduité, *sans constater que le mari, en la*
« *lui imposant ait été guidé par une intention repro-*
« *chable*, qu'en statuant ainsi le dit arrêt, *n'a pas*
« *donné de base légale à sa décision* et qu'il a fausse-
« ment appliqué et, par suite, violé l'article ci-dessus
« visé ».

Cet arrêt a été rendu sur conclusions conformes de
M. l'Avocat général Desjardins, conclusions basées sur
les deux principes suivants :

Il n'est pas de liberté plus sacrée que la liberté de
tester (ou de donner) et on doit la préférer à toute
autre.

La clause qui subordonne une donation ou un legs
à la prolongation de la viduité, n'est ni immorale,
ni illicite et pour en obtenir l'annulation ,il faut prouver
qu'elle a été inspirée au donateur ou au testateur par
un motif répréhensible.

Or, est-ce bien là l'esprit de la loi?

Nous ne le croyons pas.

Et d'abord, cette liberté de tester, la plus sacrée de
toutes les libertés, reçoit précisément une atteinte par
l'article 900 du Code civil.

Il peut me plaire en effet d'imposer à mon donataire
une condition impossible contraire aux lois ou aux
mœurs.

Si l'on veut maintenir intacte la liberté de tester,

la loi devra donc laisser ma volonté s'exécuter ou annuler en entier la donation.

L'article 900 dit précisément le contraire.

« Dans toute disposition entre-vifs ou testamen-
« taire les conditions impossibles, celles qui seront
« contraires aux lois ou aux mœurs seront réputées
« non écrites. »

Nous pouvons donc conclure que le législateur a, tout en voulant respecter la liberté du donateur ou du testateur, restreint cette liberté lorsque les conditions imposées au donataire ou légataire sont impossibles, contraires aux lois ou aux bonnes mœurs.

La Cour de Caen n'emploie donc pas une arme à double tranchant lorsqu'elle déclare que la condition de ne pas se remarier imposée à un conjoint porte atteinte à la liberté individuelle.

Elle fait simplement le raisonnement suivant :

La liberté de donner ou de tester n'est pas absolue; elle reçoit une atteinte lorsque les conditions imposées sont contraires aux bonnes mœurs.

Obliger son conjoint à ne pas se remarier est contraire aux bonnes mœurs.

Donc, dans ce cas, la liberté du donateur doit être sacrifiée à la liberté individuelle, non parce que celle-ci est plus respectable que celle-là, mais parce qu'en exécutant la volonté du donateur, on porte atteinte aux bonnes mœurs, ce qui est contraire à la loi.

La question n'est donc pas dans l'atteinte portée à la liberté de tester.

Il s'agit de savoir si la condition de ne pas se remarier est contraire aux bonnes mœurs.

La Cour de cassation répond négativement, sauf pour le cas où la condition aurait été inspirée au donateur ou au testateur par un motif répréhensible.

Nous croyons, par contre, comme nous l'avons dit plus haut et d'accord en cela avec la Cour de Caen, que si parfois la prohibition de se remarier n'a rien de contraire aux lois et aux mœurs, le plus généralement cette condition est immorale.

Tel n'est pas l'avis de M. l'Avocat général Desjardins qui invoque en faveur de son opinion.

La faculté qu'a le conjoint de se remarier en abandonnant le bénéfice de la donation.

Les sentiments naturels qui peuvent conduire le donateur à établir la prohibition d'une nouvelle union.

Les rigueurs de la loi envers les secondes noces.

Examinons l'un après l'autre chacun de ces arguments.

§ 1er. — « Si le conjoint survivant est stimulé par le besoin de contribuer à la propagation de l'espèce, dit M. l'Avocat général, il pourra toujours sans aucun doute se remarier, et j'aime à croire qu'un vil intérêt pécuniaire ne le paralysera pas. »

En principe cela est vrai, mais en pratique c'est ce qui n'aura presque jamais lieu.

Si la nature humaine était parfaite, si notre raison commandait en maîtresse à nos passions, si tous les hommes enfin avaient la vision distincte du bien et du

mal, la théorie que nous combattons serait indiscutable.
L'homme ou la femme, bénéficiaire d'une donation
ou d'un legs qui doit cesser en cas de second mariage
ne se remarierait jamais, ou abandonnerait sans
récrimination les avantages qu'il tenait de son premier
époux, s'il éprouvait le besoin de contracter une
seconde union.

Mais hélas, nous sommes loin de la perfection, il
faut voir la nature humaine telle qu'elle est et non
telle qu'elle devrait être, et c'est pourquoi, dit Laurent,
il faut réprouver toutes les conditions qui placent le
donataire entre son intérêt et son devoir.

Placé entre son intérêt et son devoir, le donataire
hésitera peut-être tout d'abord, mais finalement, l'intérêt l'emportera le plus souvent, et le concubinage
ou la débauche viendront remplacer le mariage au
grand détriment de l'Etat et de la famille. La loi n'a
pu vouloir cela.

Et comme nous l'avons déjà dit, les résultats dont
nous parlons ne sont pas des suppositions chimériques,
nous les rencontrons à chaque instant dans la vie,
nous pourrions personnellement en donner des exem-
ples nombreux et saisissants.

§ 2. — « Mais, ajoute M. Desjardins, le mari peut
vouloir empêcher sa femme de tomber dans un piège
ou tout simplement d'épouser un fripon, un intrigant,
un bohême, il peut aussi craindre de transporter la
jouissance de ses biens à quelque famille étrangère
et préférer sa propre famille à des étrangers. Enfin,
il peut-être déterminé par un sentiment d'amour pro-

fond, survivant à la mort elle-même. En dépouillant la correspondance de Proudhon, j'y trouvai cette lettre datée du 30 décembre 1863. « Si je pouvais après ma « mort apprendre que ma veuve a convolé en secondes « noces, je me relèverais de la tombe, comme le « fantôme de la légende pour venir punir l'infidèle ». Je concède que ce sentiment soit exagéré..., mais je nie que la vertueuse indignation de l'illustre écrivain socialiste soit contraire aux mœurs, et que l'expression d'une pensée semblable, puisse vicier une disposition testamentaire ».

Nous ne pouvons accepter l'influence de l'avis de Proudhon sur la question, car nous traitons en ce moment, une question d'intérêts matériels, une question pécuniaire où le propagateur de cette étrange théorie : « La propriété, c'est le vol » n'a rien à voir ; s'il était sorti de sa tombe, c'eût été pour reprocher à sa femme de n'être pas restée fidèle à sa mémoire, mais nullement pour lui retirer une fortune dont ses principes économiques ne lui permettaient de faire nul cas.

D'ailleurs, comme le dit fort bien notre éloquent contradicteur, Proudhon est resté tranquillement dans son tombeau.

Comment d'autre part, un sentiment d'amour profond survivrait-il à la mort ? Est-ce aussi donner une grande preuve de cet amour profond que d'obliger une personne encore jeune à un veuvage perpétuel qui lui répugne, alors surtout que la mort vous empêche de jouir de cette triste satisfaction ? On ne peut même

pas dire que l'époux prédécédé aura la certitude d'être
regretté et pleuré pendant la vie entière de son ex-
conjoint, car les veufs et les veuves inconsolables sont
rares.

— Il est certain que l'expression de la condition de
ne pas se remarier imposée au donataire ou légataire,
n'est pas (sauf cas exceptionnels) contraire aux mœurs
en cela, nous sommes d'accord avec M. l'Avocat général, mais il n'en est pas moins vrai que la condition
devra être annulée si elle est contraire aux mœurs
quelque pures qu'aient été les intentions du donateur
ou testateur.

C'est ainsi que la Cour de cassation a réputées non
écrites :

La condition portant que les biens légués ne pourront être aliénés (cassation 7 juillet 1868, 20 mai 1879).

Celle par laquelle, un mari en léguant ses biens à
sa femme ajoute qu'à la mort de celle-ci, tous les biens
qu'elle laissera seront partagés par moitié entre ses
héritiers personnels et ceux de son mari (cassation,
24 août 1841).

Celle apposée à un legs que la succession mobilière
du légataire se partagera par moitié entre ses héritiers et ceux du testateur (cassation, 11 décembre 1867).

Celle apposée à un legs fait au profit des ouvriers
malheureux, et par laquelle le testateur indique
comme devant profiter préférablement du legs, surtout ceux qui seraient malheureux, par suite de leurs
opinions démocratiques et socialistes (cassation,
4 août 1856).

Dans tous ces cas, il nous semble impossible de trouver un motif répréhensible. — Les conditions ont donc été réputées non écrites uniquement parce que dans leurs résultats, elles étaient contraires aux lois ou aux mœurs.

Et c'est pourquoi, dans les considérants de l'arrêt du 22 décembre 1896, après avoir dit :

« Attendu que cette condition qui peut trouver sa « justification, soit dans l'intérêt de la légataire, soit « dans celui des enfants nés du mariage, soit dans « l'affection du disposant pour sa famille personnelle, « ne doit pas en règle générale être considérée comme « contraire aux mœurs ».

« La Cour de Cassation aurait dû ajouter, pour être logique avec elle-même :

« Que la condition morale en soi n'est aucunement « immorale en ses résultats, que le célibat forcé « n'expose à aucune tentation, que toutes les jeunes « veuves ont une expérience suffisante pour se conduire « seules dans la vie, qu'il est sans exemple que cette « condition de ne pas se remarier ait donné lieu à une « conduite scandaleuse, qu'enfin il est beaucoup plus « moral d'avoir moins de mariages légitimes et plus « d'enfants naturels que de ne pas tenir compte d'une « volonté exprimée le plus souvent, il est vrai, sans « motif sérieux ou pour des motifs peu avouables. »

Mais voilà, c'était peut-être un peu difficile à dire !

Enfin, suivant M. Desjardins, « le mari peut vouloir empêcher sa femme de tomber dans un piège, ou tout simplement d'épouser un fripon, un intrigant, un bohème. »

Les motifs du mari sont ici fort honorables.

Deux cas peuvent se présenter.

1° Le mari a désigné la ou les personnes avec lesquelles la donataire ne pourra contracter mariage.

Nous sommes ici d'avis que cette prohibition n'a rien de contraire aux bonnes mœurs et nous nous en expliquerons plus loin.

2° Le mari n'a fait aucune particularité, mais il a indiqué les motifs qui l'ont amené à insérer la condition ou encore il n'a indiqué aucun motif, mais les héritiers naturels prétendent que le mariage que veut contracter la femme n'est aucunement en rapport avec sa situation sociale, son âge, etc.

Dans ce cas, si les scrupules du mari sont justifiés ou si le mariage dont il est question pour la femme est immoral ou injustifiable, la condition devra être déclarée valable par les tribunaux.

Nous n'avons jamais dit, en effet, que la condition était dans tous les cas contraire aux mœurs.

§ 3. — Le dernier argument de M. l'Avocat général Desjardins, est la rigueur de la loi pour les seconds mariages.

« L'article 386, Code civil, ne décide-t-il pas que l'usufruit légal cesse à l'égard de la mère dans le cas d'un second mariage ?

« Consultez la loi du 9 mars 1891, le nouvel usufruit du conjoint organisé par les chambres législatives de notre troisième République, cesse au cas de nouveau mariage, s'il existe des descendants du défunt (article 767 modifié) ».

Mais que prouvent ces articles contre les seconds mariages ?

Remarquons d'abord qu'il s'agit dans les deux articles de veufs ou veuves ayant des enfants. D'où la loi ne verrait dans tous les cas avec défaveur les seconds mariages que lorsque l'époux remarié a des enfants de sa précédente union.

Nous pensons de plus que la loi ne voit pas avec défaveur les seconds mariages, mais cherche plutôt à protéger les enfants du premier lit.

En ce qui concerne l'article 767, notamment l'usufruit accordé au conjoint survivant, lui est laissé dans le but de l'aider pendant son veuvage (1). Il disparaît avec le second mariage, parce que sa raison d'être, n'existe plus, mais il n'y a là aucune preuve d'hostilité contre cette seconde union.

Le récent arrêt de la Cour de Cassation ne peut donc

---

(1) N'est-ce pas un spectacle douloureux et blessant, que celui de ce mari, de cette femme passant par la mort de leur conjoint, de l'aisance, de l'opulence peut-être, à une gêne, d'autant plus pénible qu'elle contraste plus vivement avec l'existence passée ? Hier, toutes les facilités de la vie, aujourd'hui tous ses embarras. Hier, tout était commun entre les époux, chacun d'eux avait sa part de la même propriété : aujourd'hui, tout est séparé, brisé. Il y a d'un côté une riche succession que se partagent sans émotion des collatéraux éloignés : de l'autre un veuf, une veuve pauvre qui se retire tristement avec tous les regrets du passé et toutes les angoisses de l'avenir. Est-ce juste? (Rapport de Mᵉ Piou à la Chambre des Députés).

aucunement modifier notre opinion sur la question que
nous venons de traiter.

71. — Et maintenant, que décider au cas où la prohibition de se remarier ne serait plus générale, mais
particulière ?

Nous pensons ici que la prohibition est parfaitement
valable, le donateur peut avoir des raisons spéciales,
connues de lui seul et d'autre part, il ne serait pas vrai
de dire qu'il y a ici une atteinte portée à la liberté du
mariage, puisque le donataire reste libre d'épouser qui bon lui semble, hors la personne déterminée (1).

Quand il s'agit d'une prohibition faite par le donateur de ne pas épouser une personne déterminée, les
auteurs qui admettent la validité de cette prohibition
ajoutent à moins que les lois de l'honneur ou de la
conscience ne prescrivent au donataire d'épouser cette
personne.

Mais, ici, nous sommes en dehors de cette hypothèse.

Condition de se remarier avec une personne
déterminée.

72. — La doctrine admet en général la validité de
la condition, à moins que par ses mœurs, la personne

(2) Poitiers, 14 juin 1838.

indiquée ne soit indigne de l'union projetée par le donateur (1).

M. Laurent, dont nous ne pouvons que partager l'avis, considère au contraire, cette condition, comme une de celles qui sont le plus contraire aux mœurs, parce qu'elle a pour but et pour effet de contraindre la volonté du donataire de placer directement celui-ci entre son intérêt et ses inclinations (2).

73. — Quand dans le contrat de mariage, les futurs époux ont inséré la clause de résolution en cas de convol, peuvent-ils revenir sur cette décision par la suite ?

Cette intéressante question a été résolue dans le sens de la négative, par un jugement du Tribunal civil d'Evreux du 30 janvier 1891, et après appel par un arrêt de la Cour de Rouen du 15 décembre suivant.

« Attendu, dit le jugement, que les donations ou « les institutions contractuelles faites dans un contrat « de mariage par les futurs époux entre eux ont « toujours été assimilées à des conventions matrimo- « niales.

(1) Ricard, n°ˢ 258 et suiv. — Furgole, n° 72. — Bourjon. n° 42. — Toullier, n° 251. — Delvincourt, t. II, p. 60, note 3.— Grenier, t. I, n° 155. — Duranton, n° 125. — Coin Delisle, n° 35. — Saintespès Lescot, t. I, n° 132. — Larombière, t. II. art. 1172, n° 31. — Massé et Vergé, t. III, § 464, note 10. — Aubry et Rau, t. VII, § 692, note 15. — Demolombe, t. I. n° 252.

(2) Laurent, t. II, n° 499. — Taulier, t. IV, p. 323. — Pezzani, *Emp. de mariage*, n°ˢ 98 et suiv. — Bastia, 2 juin 1828.

« Attendu, qu'il n'était pas possible à la dame X...
« de supprimer par son testament la clause du contrat
« de mariage qui prononce la déchéance de l'usufruit
« pour le cas où son mari contracterait une nouvelle
« union.

« Que X... prétend que le testament de sa femme
« ne fait aucun échec aux dispositions de l'article 1395
« du Code civil, qu'il soutient que la dame X... en ne
« reproduisant pas la clause de déchéance de l'usu-
« fruit en cas de second mariage, n'a fait autre
« chose qu'une extension de la libéralité contenue
« dans le contrat de mariage et que cette disposition
« est permise par l'article 1094 du Code civil.

« Attendu, qu'on ne peut faire ou simplement
« étendre une libéralité au préjudice des droits acquis
« par des tiers, d'après des conventions formelles.

« Attendu, que la déchéance contenue dans le con-
« trat de mariage des époux X... pour le cas ou le
« survivant d'eux contracterait une nouvelle union, a
« été établie principalement et même uniquement
« dans l'intérêt des enfants à naître du mariage ; que
« sur ce point, il ne saurait y avoir aucune con-
« testation, que cela résulte des termes, même de
« l'acte. Qu'elle devait profiter aux enfants qui
« seraient nés du mariage, si l'éventualité prévue se
« réalisait.

« Attendu, que la dame A..., issue du mariage des
« époux X... avait ainsi des droits acquis, dont elle
« ne pouvait être privée par une nouvelle disposition
« de sa mère, au profit de son mari ; que le testa-

« ment de la dame X..., portant dans certaines de
« ses parties atteinte aux stipulations du contrat de
« mariage, ne peut être maintenu dans ce qu'il a de
« contraire à cet acte.

« Par ces motifs. Dit que la clause de déchéance
« de l'usufruit en cas de nouvelle union de X...,
« contenue dans le contrat de mariage des époux X...,
« n'a pas pu être abrogée par le testament de la dame
« X..., et conserve toute sa force. »

Nous ne pouvons accepter la solution admise par le
Tribunal civil d'Evreux et la Cour de Rouen. De cette
solution, il résulte que la condition de ne pas se remarier était protégée par le principe de l'immutabilité
des conventions matrimoniales et que dès lors, il
n'était plus permis aux époux de supprimer cette condition au cours du mariage.

D'abord en mettant comme condition à la donation,
que cette libéralité deviendrait nulle, si le survivant
venait à convoler à de secondes noces, les époux n'ont
pas dit qu'ils s'interdisaient de se faire des libéralités
pures et simples, pendant le mariage.

Ne voit-on pas tous les jours, dans les contrats de
mariage, une clause réduisant une donation universelle,
en usufruit que se font les futurs époux, à moitié en
cas d'existence d'enfants. Or, personne n'a prétendu
jusqu'ici que les époux étaient liés par cette stipulation
et qu'il leur était impossible d'augmenter la donation
contenue au contrat, dans les limites de l'article 1094.

Dans l'hypothèse qui nous occupe, les époux ont
restreint leur libéralité, par cette clause de résolution,

au cas de convol ; plus tard, ils font disparaître cette condition et par suite, augmentent les avantages résultant du contrat. Pourquoi une pareille convention serait-elle interdite ? Nous ne voyons, quant à nous, aucun motif qui puisse justifier cette interdiction.

En admettant même, pour un instant, que les époux se soient interdits par la clause ci-dessus, de se faire des libéralités pures et simples pendant le mariage, nous pouvons néanmoins, démontrer que cette clause est contraire à la loi et inopérante, comme constituant à à la fois :

Un pacte sur succession future.

Une donation en faveur des enfants à naître du mariage (1).

Nous disons d'abord, que la doctrine admise par la Cour de Rouen, se heurte au principe d'ordre public qui prohibe tout pacte sur succession future.

De l'avis de tous les auteurs, sauf Taulier, les époux ne peuvent, par contrat de mariage, renoncer au droit de se faire des libéralités. Dans notre ancien droit, la question était, il est vrai, controversée et il faut même reconnaître que l'opinion la plus accréditée, tenait pour valable la clause d'interdiction (V. Pothier, *des donat. entre mari et femme* n° 27. Boullenois, statuts réels et personnels, II 412). Mais cette doctrine est inacceptable aujourd'hui, il y a pour annuler une telle clause, une raison péremptoire, c'est la disposition

(1) Les arguments énoncés ci-dessous sont extraits d'une étude de M. Didio, publiée par la *Revue du Notariat et de l'Enregistrement.*

des articles 791 et 1130 qui défendent tout pacte sur succession future, et, comme le fait remarquer M. Bugnet (sur Pothier, *loco cit.* note 1), on peut comparer cette clause à la promesse que ferait une personne de ne pas tester, elle est nulle au même titre. La faculté qu'ont les époux de disposer l'un au profit de l'autre, est de même que le droit de tester, essentielle et inaltérable, aucune clause du contrat de mariage ne peut y porter atteinte.

Dans ce sens : Toullier, t. XXII, n° 18. — Bellot des Minières, *cont. de mar.* t. 1, p. 16. — Rodière et Pont, *idem*, t. 1. n° 78. — Odier, *idem* t. II, n° 634. — Guillouard, *idem* t. 1, n° 101. — Aubry et Rau, t. V, § 504, p. 270. — Laurent, t. XXI, n° 135. — Req. rej., 31 juillet 1819 (S, 9, 1, 408).

S'il en est ainsi, il faut pareillement tenir pour nulle et non avenue, toute clause du contrat de mariage qui tendrait directement ou indirectement à paralyser entre les mains des époux, le libre exercice du droit de disposer, l'un au profit de l'autre, pendant le cours du mariage, dans toute l'étendue que la loi les autorise à le faire.

Telle serait, sans aucun doute, la clause qui, jointe à une donation entre futurs époux dans leur contrat de mariage, obligerait le donataire à se contenter de cette libéralité et interdirait au donateur, d'en faire de nouvelles par la suite. Si une telle clause devait être considérée comme valable, il suffirait aux futurs époux de se faire une libéralité quelconque, si minime

qu'elle fût, pour arriver indirectement au résultat
défendu. Cela suffit pour la juger.

Aussi bien, cette remarque s'applique-t-elle aux
modalités qui peuvent affecter d'une manière quelconque, les donations entre futurs conjoints, dans leur
contrat de mariage et notamment aux conditions, à
l'accomplissement desquelles, ils croient devoir subordonner le sort de ces libéralités. Prétendre que
l'époux donateur, peut valablement s'interdire d'effa-
cer ces conditions pendant le mariage, c'est vouloir
limiter, dans la mesure dans laquelle elles grèvent la
libéralité, le droit de tester qui doit rester intact entre
ses mains.

La solution admise par la Cour de Rouen, ne
pourrait se défendre que s'il était permis aux futurs
époux de disposer par leur contrat de mariage, en
faveur des enfants à naître de l'union projetée. Dans
ce cas, sans doute, les tribunaux pourraient décider
par interprétation des termes du contrat de mariage
et des circonstances de la cause, que de la condition de
garder viduité ainsi imposée au donataire, il résulte
au profit des enfants une libéralité conditionnelle (sous
condition suspensive).

Dans le système des décisions rapportées plus haut,
on raisonne en effet ainsi : la condition a été établie
dans l'intérêt des enfants à naître, elle est donc parfaitement morale et licite. Or, les institutions contractuelles contenues dans les contrats de mariage, sont
des conventions matrimoniales et participent à ce titre
à l'immutabilité de ces contrats. — Donc, il ne peut

plus être dérogé à ladite clause pendant le mariage.

C'est vraiment mal argumenter : c'est, oserions-nous presque dire, jouer en quelque sorte sur les mots, que de raisonner ainsi.

Oui, la condition apposée à la donation, a été dictée par l'intérêt des enfants à naître du mariage, et c'est pour ce motif de haute moralité, on l'a dit plus haut, qu'elle doit être maintenue, en tant que condition apposée à cette libéralité.

Mais prétendre que les parties au contrat de mariage ont voulu par cette restriction, faire au profit des enfants à naître, une donation sous la condition suspensive du convol du survivant des époux, c'est mettre la volonté des contractants en contradiction formelle avec les articles 906 et 1081 qui défendent de disposer en faveur d'enfants non conçus au moment de la donation (art. 906) ou des enfants à naître du mariage, s'il s'agit d'une donation faite par contrat de mariage (art. 1081).

Mais quoi ! dira-t-on, est-ce que les institutions contractuelles ne sont pas des conventions matrimoniales? Est-ce que l'article 1081 ne prévoit pas lui-même, à cet égard, une exception à sa prohibition ?

Oui, sans doute la loi autorise les institutions contractuelles que les tiers feraient aux conjoints ou qu'un époux ferait à l'autre. Mais elle n'autorise pas les époux à faire des institutions, au profit de leurs héritiers.

Oui encore, l'institution contractuelle peut s'adresser tant aux enfants à naître, qu'aux époux ou à l'un d'eux et même il faut dire que les premiers sont de plein droit présumés y être compris, par l'effet d'une substitution vulgaire.

Mais jusqu'à ce jour, personne n'avait encore essayé de soutenir que les institutions contractuelles, peuvent être faites *omisso medio per saltum*, exclusivement à des enfants non encore conçus et ce serait introduire dans le Droit une nouveauté inouïe que d'admettre qu'elles peuvent exclure les époux pour ne s'adresser qu'aux enfants. L'article 1082 en tant qu'il les autorise, constitue, dit Demolombe, une dérogation d'un principe fondamental (celui de l'art. 906) dérogation, qui doit être rigoureusement renfermée dans les termes même de la loi (t. 23 n° 289).

Concluons donc, contrairement aux décisions reproduites plus haut, que lorsque par leur contrat de mariage, les époux se sont faits mutuellement une donation sous la condition de ne pas se remarier en cas d'existence d'enfants; cette condition peut être supprimée par un acte fait au cours du mariage et contenant testament ou donation nouvelle des mêmes biens.

Condition de faire inventaire

74. — Il s'agit ici d'une donation en usufruit, dans laquelle il a été stipulé par le donateur que l'époux survivant devrait faire inventaire.

L'époux survivant a négligé d'accomplir cette formalité, devra-t-il être déchu de son droit d'usufruit?

Nous admettons la négative avec Demolombe et divers arrêts de cassation (1).

Cette solution est loin d'être universellement admise et un jugement assez récent du Tribunal de la Seine a consacré l'opinion contraire (2).

Pour déclarer l'époux survivant déchu du bénéfice de la donation à lui faite par son conjoint, quand il n'a pas fait procéder à l'inventaire prescrit par la donation, on fait application de l'article 953 : la donation est révoquée pour cause d'inexécution des conditions.

Il y a là, selon nous, une confusion entre deux cas bien distincts.

Le donataire n'a pas fait d'inventaire, les héritiers du conjoint prédécédé, demandent la révocation de la donation pour inexécution de la condition imposée. Cette demande en révocation, constitue une mise en demeure envers le donataire d'avoir à faire inventaire. Si donc celui-ci n'accomplit pas cette formalité, le jugement à intervenir ne pourra que prononcer la révocation de la donation (sauf cependant la restriction dont nous parlerons plus loin).

Mais tel n'est pas notre cas, il s'agit de savoir si parce qu'il n'a pas fait inventaire jusqu'au moment de

___

(1) Demolombe, t. X. nº 471. — Cassation 13 février 1856. — 24 novembre 1847. — 17 juillet 1861.

(2) Aubry et Rau, Vazeille art. 841 nº 15 ; Belot-Jolumont sur Chabot. t. II, page 335.— Cassation (rejet) 21 avril 1830. — Angers, 13 avril 1820. — Paris. 2 août 1821. — Nimes, 30 mars 1830. — Bastia, 23 mars 1835. — Grenoble, 7 avril 1840. — Seine, 23 avril 1891.

la demande en révocation, le donataire va se trouver
déchu du bénéfice de la donation, sans pouvoir à ce
moment se déclarer prêt à exécuter la condition à lui
imposée ; en un mot, si les héritiers du conjoint décédé
pourront lui dire : « Vous n'avez pas fait d'inventaire,
et par suite, vous n'avez pas rempli la condition qui
vous avait été imposée, la donation dont vous préten-
dez profiter, est nulle, dès à présent, et nous allons
nous adresser à la justice, non pour obtenir la nullité
de cette donation, car cette nullité est encourue dès
maintenant, mais pour faire constater cette nullité,
conformément à l'article 956.

Nous prétendons que dans ce cas, la déchéance ne
saurait être encourue.

L'obligation de faire inventaire, imposée au donataire est une obligation de faire ou de ne pas faire
regie par les articles 1142 et suivants du Code civil et
celui qui a droit à l'exécution d'une semblable obligation, ne peut en exiger l'accomplissement qu'après une
mise en demeure ; par suite, tant que le donataire
n'aura pas été mis en demeure par les héritiers d'avoir
à accomplir la condition à lui imposée, il ne saurait
être déclaré déchu de ses droits pour inexécution de
cette condition.

Tout le monde n'admet pas cette obligation de
mettre en demeure le donataire, et un arrêt de la Cour
d'appel de Douai du 31 janvier 1853, déclare notamment que l'exercice de l'action en révocation des donations pour cause d'inexécution des conditions, n'est

pas subordonné à une mise en demeure préalable du donataire.

Le seul effet, ajoute l'arrêt précité du défaut d'une telle mise en demeure, c'est que le donataire peut éviter la révocation en exécutant les conditions, tant qu'elle n'est pas prononcée et qu'il peut plus facilement obtenir des délais (1).

Il résulte de cette dernière partie de l'arrêt, que même dans l'opinion de ceux qui n'admettent pas l'obligation de la mise en demeure, le donataire n'encourt jamais de plein droit la révocation, par suite de la non exécution des conditions.

Cette solution est absolument conforme à la théorie que nous défendons.

Il nous reste à examiner une dernière question.

Au moment de la prononciation du jugement, le donataire n'a pas encore exécuté la condition (dans l'espèce, il n'a pas encore fait inventaire), le Tribunal pourra-t-il accorder des délais ? Ces délais pourront-ils encore être accordés, si le donateur a eu soin de stipuler la résolution de plein droit pour la circonstance prévue ?

L'arrêt de la Cour de Douai rapporté ci-dessus, admet que des délais peuvent être obtenus par le donataire.

C'est aussi l'opinion de Marcadé.

« Dans le cas d'inexécution des charges imposées à

---

(1) *Sic*-Saintespès. Lescot, t. III, n° 386. — Demolombe, t. III, n° 600. — V. aussi Laurent, t. XII, n° 506. Contra. Troplong, n°s 1.295 et suiv. Massé et Vergé, t. III, § 483, note 2.

la donation, il s'agit, dit cet auteur, comme nous l'avons expliqué sous l'article 954, d'intérêts pécuniaires, la révocation est alors une affaire d'argent, et il y a lieu dès lors, d'appliquer les règles relatives aux contrats ordinaires. Or, l'article 1184, déclare que quand la résolution d'un contrat est demandée contre une personne pour inexécution de son engagement, le Tribunal reste libre d'accorder à cette personne, d'après les circonstances, un délai qui lui permette d'exécuter pour échapper à l'annulation ; ce délai pourra donc être accordé au donataire.

« Pour le cas où le demandeur en résolution aurait formellement stipulé que cette résolution aurait lieu de plein droit par le seul défaut d'exécution dans un temps convenu, l'article 1656, déclare que l'exécution pourra encore se faire après l'expiration de ce temps et jusqu'à ce que le débiteur ait été sommé d'exécuter, mais qu'après la sommation, le juge ne pourrait accorder aucun délai.

« Ces mêmes règles seraient donc suivies pour la donation, dans le cas dont nous parlons (1) ».

Condition de nullité de la donation
en cas de divorce.

75. — Le divorce étant une cause de dissolution de mariage, au cas où cet événement viendrait à se produire, il pourrait naître un regret relativement aux

(1) Marcadé sur l'article 956.

libéralités entre époux, faites par contrat de mariage; c'est en raison de cela, qu'il peut être utile de stipuler, que la donation est faite seulement pour le cas de dissolution de mariage, par le décès de l'un des époux.

Cette clause est parfaitement licite (2).

Condition de survie

76. — Nous savons que les donations entre époux, par contrat de mariage, peuvent être faites sous la condition de survie du donataire. C'est du reste, l'hypothèse la plus fréquente.

Mais, supposons une donation entre époux par contrat, dans laquelle cette condition de survie ne soit pas exprimée en termes exprès, décidera-t-on qu'elle constitue une donation pure et simple, ou considérera-t-on cette condition comme sous entendue, si d'autre part, on peut induire des termes même de la clause, que les futurs époux ont entendu se faire seulement un avantage soumis à la condition de survie?

L'article 1156 dit bien qu'on doit, dans les conventions, rechercher quelle a été la commune intention des parties contractantes, plutôt que de s'arrêter au sens littéral des termes. Toutefois ici, nous avons un autre texte. C'est l'article 1092.

Toute donation entre-vifs de biens présents, faite

(2) Elle aura pour effet de rendre caduques les libéralités faites par l'époux coupable à son conjoint. Celles faites à l'époux coupable se trouvent en effet révoquées de plein droit conformément à l'article 299 du Code civil.

entre époux, par contrat de mariage, ne sera point censée faite sous la condition de survie du donataire *si cette condition n'est formellement exprimée.*

Que faut-il entendre par ces mots : formellement exprimée?

L'interprétation qu'on prétend leur donner est capitale, car la solution de la question posée plus haut en dépend.

Ces mots indiquent-ils que la condition de survie doit être exprimée en termes sacramentels, et qu'en dehors de ces termes on ne peut déduire des termes et de l'ensemble de la disposition la clause de survie, alors on considérera la donation dépourvue de ces termes sacramentels comme pure et simple?

Ou entend-on seulement, au contraire, que des termes et de l'ensemble de la disposition, se dégage nettement l'indication que les futurs époux ont voulu stipuler la donation seulement pour le cas de survie; dans ce cas, l'absence des termes sacramentels, n'empêchera pas de considérer la clause de survie, comme valablement exprimée.

C'est cette seconde manière d'interpréter les mots formellement exprimée, qui a prévalu en doctrine et en jurisprudence.

Il n'y a point, dit Dalloz (disposition entre-vifs et testament n° 2,306), de termes sacramentels exigés pour la stipulation de la condition de survie. Il suffit que la volonté de subordonner la libéralité à cette

11

condition, ressorte clairement des termes de la convention (1).

La même opinion résulte des termes d'un arrêt de la Cour de Cassation du 9 juillet 1889.

« Il n'est pas nécessaire que dans une donation entre-vifs, de biens présents, faite entre époux par contrat de mariage, la condition de survie de l'époux donataire qui doit être formellement exprimée, le soit en termes sacramentels, il suffit que les juges constatent qu'elle résulte nécessairement des termes et de l'ensemble de la disposition, de son but et de la nature du droit qu'elle confère ».

(1) *Sic*-Laurent, t. XV, n° 304.

CHAPITRE VI

Capacité des parties.

77.— Les futurs époux, lors du contrat de mariage, doivent remplir les conditions de capacité exigées au chapitre II du titre deuxième, livre III, du Code civil, sauf les exceptions que nous indiquons plus bas.

78. — D'après les règles générales posées par le chapitre II, le mineur âgé de moins de 16 ans, ne peut aucunement disposer : si le mineur est âgé de plus de 16 ans, il ne peut disposer que par testament et jusqu'à concurrence seulement de la moitié des biens dont la loi permet au majeur la disposition.

Le législateur a fait ici une exception en faveur du mineur qui veut disposer par contrat de mariage.

Cette exception est contenue à l'article 1095 du Code civil.

« Le mineur ne pourra, par contrat de mariage,

donner à l'autre époux, soit par donation simple, soit par donation réciproque, qu'avec le consentement et l'assistance de ceux dont le consentement est requis pour la validité de son mariage et avec ce consentement, il pourra donner tout ce que la loi permet à l'époux majeur de donner à l'autre conjoint. »

Ainsi, le mineur peut, dans son contrat de mariage, avantager son conjoint dans les mêmes limites qu'un majeur, la seule condition requise ici, c'est qu'il soit muni pour ce contrat des consentements qui lui sont nécessaires pour le mariage lui-même.

Le mineur ne sera donc pas représenté comme dans les autres actes par son tuteur ou assisté par son curateur. La capacité du mineur est ici toute spéciale, elle est pour le contrat ce qu'elle est pour le mariage même. Le mineur contracte mariage par lui-même ; il arrêtera lui-même les conditions pécuniaires de son union. Toutefois, le consentement de telles ou telles personnes lui est nécessaire pour le mariage, ce même consentement sera requis pour arrêter le contrat.

79. — Pour le mineur âgé de moins de 21 ans, cette théorie est incontestable, mais de 21 à 25 ans, alors que le fils de famille ne peut encore contracter mariage sans le consentement de ses ascendants, devra-t-il dans son contrat de mariage, être assisté des personnes dont le consentement est nécessaire pour le mariage?

Nous ne le croyons pas, le mot mineur dans les articles 1095 et 1398 doit s'entendre de la minorité ordinaire, c'est-à-dire de l'individu qui n'a pas encore atteint l'âge de 21 ans accomplis.

D'après l'article 488, à cet âge on est capable de tous les actes de la vie civile, sauf la restriction portée au titre du mariage.

Or, dit Demolombe, cette restriction se trouve seulement dans les articles 148, 150 qui exigent le consentement des ascendants pour le mariage du fils de famille qui n'a pas encore atteint l'âge de 25 ans et aucun autre texte ne déroge à l'article 488, en ce qui concerne les donations qu'il peut faire à son futur époux par contrat de mariage.

On objecte quelquefois à cela la vieille maxime, « *habilis ad nuptias, habilis ad pacta nuptialia* » et l'on dit qu'il existe un lien intime entre le mariage et les conventions qui en règlent les effets pécuniaires.

Mais la règle, *habilis ad nuptias*, n'est écrite nulle part dans notre code, et pour déroger à la règle, que le majeur est capable de tous les actes de la vie civile, il faut un texte formel.

Quant à l'ascendant, il a un moyen indirect de contraindre le fils à adopter un régime qui lui convienne à lui ascendant ou à ne faire que des libéralités qu'il approuve, c'est de ne consentir au mariage qu'à cette condition (1).

80. — Si le consentement n'a pas été donné, la sanction ne pourra être que la nullité du contrat, et

---

(1) Guillouard, *Du Cont. de mariage*, n° 302.

par suite pour le cas que nous envisageons, la nullité
de la donation y contenue (1).

Mais cette nullité sera-t-elle absolue ou relative, en
un mot l'époux mineur, lors du contrat, pourra-t-il
seul s'en prévaloir, ou au contraire, la nullité pourra-
t-elle être opposée par toute personne ?

On admet généralement, que c'est une nullité absolue et que cette nullité, existe non pas seulement pour
la donation faite par le futur époux mineur, non autorisé, mais encore, pour la donation faite à l'époux
mineur, lorsque celui-ci a accepté sans y être autorisé
régulièrement (2).

Les motifs donnés par les auteurs, qui admettent la
nullité absolue, sont que le contrat de mariage est un
acte solennel irrévocable, intéressant non seulement les
futurs époux, mais aussi les enfants à naître de leur
union et les tiers. Il est donc indispensable de savoir à
l'époque de sa confection, si cet acte est valable ou
nul, il faut que celui des futurs époux, en faveur duquel
la nullité existe, ne soit pas libre d'agir ou de ne pas
agir à son gré. Et, si le contrat ne remplit pas les
conditions prescrites par la loi, il doit être nul, d'une
nullité que tous les intéressés puissent invoquer.

S'il dépendait en effet, de l'époux qui, après le
mariage a contracté avec des tiers, de faire tomber ou

(1) Cassation, 9 janvier 1855. — 5 mars 1855. — 20 juillet
1859. — 16 juin 1879. — Moutiers, 15 février 1894. — Cour de
Chambéry, 8 juillet 1895.

(2) Aubry et Rau, t. VII, page 60 et les nombreuses autorités
citées. — Laurent, t. XII, n° 259. — Caen, 30 décembre 1878.
— Dijon, 12 juillet 1865.

— 167 —

de laisser subsister les conventions matrimoniales, selon qu'il lui plairait, d'en demander ou de n'en pas demander la nullité, la condition des tiers demeurerait perpétuellement incertaine et à leur égard le pacte matrimonial perdrait le caractère d'immutabilité que la loi a voulu y attacher.

On invoque, pour échapper à la solution de la nullité absolue, l'article 1125, duquel il résulte que les personnes capables de s'engager, ne peuvent opposer l'incapacité du mineur, mais toutefois, cette opinion reconnaît que pendant le mariage, cette nullité ne peut être ratifiée par l'époux incapable et même que les tiers intéressés pourront s'en prévaloir, par application de ce principe, que la nullité d'un contrat qui peut être opposé, aux tiers, intéresse les tiers (2).

Bien qu'on prétende dans cette opinion que la nullité n'est que relative, on arrive donc à une nullité absolue.

Mais d'abord, pourquoi dire que le contrat nul, d'une nullité relative, ne pourra pas être ratifié pendant le mariage, par le mineur devenu majeur ?

Le mineur ne peut pas ratifier, dira-t-on, ce qu'il ne peut plus faire, puisque toutes les conventions matrimoniales doivent être rédigées avant le mariage. C'est une erreur, on peut très bien ratifier ce qu'on ne peut plus faire. Je vous ai vendu un tableau, alors que j'étais mineur et ce tableau a été détruit lors d'un

(2) Laurent. t. XXI, n° 35. — Rodière et Pont. t. 1, n° 46. — Troplong. t. 1, n° 288. — Aubry et Rau, t. V, § 502. — Colmet de Santerre, t. VI, n° 15 bis 5.

incendie. Nous ne pouvons plus faire une vente valable, puisque l'un des éléments manque, et cependant je pourrai très-bien ratifier valablement la première vente.

La nullité relative ne produirait donc pas les mêmes effets qu'une nullité absolue, mais cette nullité relative n'est pas admissible, parce que l'article 1125, ne s'applique qu'aux contrats ordinaires, dont les effets ne s'étendent pas au-delà des parties contractantes, or, le contrat de mariage a une portée plus étendue, il est la loi des tiers, qui traiteront avec les époux pendant la durée du mariage, et par suite, ceux-ci en peuvent toujours invoquer la nullité.

De plus, le conjoint a également intérêt à ne pas rester dans une incertitude qui peut lui devenir très préjudiciable.

La nullité du contrat de mariage et par suite des donations qui y sont contenues, est donc une nullité absolue, pouvant être invoquée par tout intéressé et qui ne peut être ratifiée.

Capacité du prodigue.

80 *bis*. — Ce qui est hors de doute, c'est que le prodigue peut avec l'assistance de son conseil judiciaire faire toutes donations à son conjoint, par contrat de mariage.

Mais le pourra-t-il sans l'assistance de son conseil?

C'est une grave question qui mérite d'être examinée avec soin.

La chambre civile de la Cour de Cassation s'était prononcée pour la validité de la donation, faite par le prodigue sans l'assistance de son conseil, par un arrêt rendu le 24 Décembre 1856 ; par contre, divers arrêts des Cours d'appel avaient jugé le contraire.

La question restait donc pendante. Elle a été tranchée récemment par un arrêt de la Cour de Cassation, chambres réunies du 21 juin 1892.

Il s'agissait dans l'espèce d'une femme pourvue d'un conseil judiciaire pour faiblesse d'esprit. Le contrat de mariage auquel le conseil judiciaire avait refusé d'assister, contenait une donation mutuelle en usufruit. Après le décès de cette femme, ses héritiers ayant attaqué la donation faite par elle au profit de l'époux survivant, l'affaire vint devant le Tribunal civil du Mans qui, par jugement du 30 juin 1885, déclara nulle et de nul effet, la donation contenue au contrat de mariage.

Ce jugement frappé d'appel fut confirmé par un arrêt de la cour d'appel d'Angers, mais cet arrêt fut lui-même cassé par un autre arrêt de la Cour de cassation (Chambre civile du 5 juin 1889).

La Cour d'Orléans saisie du litige comme Cour de renvoi, se prononça le 11 décembre 1890, dans le sens de la Cour d'appel d'Angers.

Enfin un nouveau pourvoi ayant été formé contre l'arrêt d'Orléans, la Cour de cassation, toutes Chambres réunies, adopta entièrement la doctrine des Cours d'appel, répudiant par suite l'opinion de sa Chambre civile.

La jurisprudence est donc fixée actuellement en ce sens, que la donation par contrat de mariage faite par le prodigue non assisté de son conseil est absolument nulle (1).

« Il n'y a pas lieu, ajoute l'arrêt du 21 juin 1892, de distinguer entre les donations de biens présents et celles de biens à venir seulement, les secondes sont aussi bien que les premières frappées d'inefficacité ».

81. — Nous allons maintenant examiner les motifs qui ont conduit à l'adoption de cette doctrine.

« Attendu, porte l'arrêt du 21 juin 1892, que si
« l'individu pourvu d'un conseil judiciaire, soit pour
« faiblesse d'esprit, par application de l'article 499,
« Code civil, soit pour prodigalité en vertu de l'ar-
« ticle 513, même Code, est habile à se marier sans
« l'assistance de son conseil, et si son mariage produit
« nécessairement les effets que la loi y attache, il ne
« s'ensuit pas que, par cela même, il soit habile à
« régler sans l'assistance de ce même conseil, toutes
« les conventions civiles dont le mariage est sus-
« ceptible, et notamment à consentir des donations
« au profit de son futur conjoint.

« Qu'en effet il résulte expressément des articles 499
« et 513 précités, que le faible d'esprit est incapable

(1) Voici les auteurs qui partagent cet avis :
Marcadé, sur l'art. 1398. — Valette sur Proudhon, t. II, page 568. — Demante, t. II, n° 285 *bis*. — Demolombe, t. III, n° 22 et t. VIII, n° 737. Aubry et Rau, t. V, § 502. — Massé et Vergé, t. I, § 249. — Laurent, t. V, n° 366.

« d'aliéner sans l'assistance de son conseil et qu'on
« ne trouve aucune exception à cette règle, en ce qui
« concerne les donations par contrat de mariage.

« Que vainement on essaie de fonder cette exception
« sur la disposition de l'article 1398 du Code civil,
« que cet article est spécial au mineur et ne saurait
« par suite être étendu aux autres incapables, qu'il
« n'accorde du reste audit mineur la liberté de faire
« ses conventions matrimoniales qu'à la condition
« d'une assistance déterminée, l'entourant ainsi
« d'une protection qui manquerait absolument au
« prodigue et au faible d'esprit.

« Qu'on n'objecte pas, avec plus de raison, l'indivi-
« sibilité du contrat réglant les conditions civiles du
« mariage, laquelle ne permettrait pas d'annuler les
« donations contenues dans ce contrat, et de con-
« server en même temps le régime matrimonial stipulé
« entre les parties, que sans doute les dispositions
« d'un contrat de mariage comme celles de tout autre
« contrat ne sauraient être arbitrairement scindées,
« mais qu'il ne s'ensuit pas, qu'il ne puisse s'y ren-
« contrer certaines clauses dont la nullité restera
« isolée et n'entraînera pas la nullité du surplus.

« Attendu d'ailleurs qu'il n'y a pas lieu de dis-
« tinguer au point de vue de la capacité du disposant
« entre les donations de biens présents et celles de
« biens à venir, qu'à la vérité ces dernières n'emportent
« pas un dessaisissement immédiat et complet de la
« chose donnée, puisque le donateur reste libre d'en
« disposer à titre onéreux, mais qu'elles le dépouillent

« actuellement et irrévocablement du droit d'en dis-
« poser à titre gratuit au préjudice du donataire,
« circonstance qui leur imprime le caractère de
« donations entre-vifs et ne permet pas de les con-
« fondre avec des dispositions testamentaires ».

« Par ces motifs... etc..., etc... »

On peut faire, croyons-nous, certaines objections aux
arguments ci-dessus.

Sans doute, l'article 513 défend aux prodigues
d'aliéner, et cela dans un but de protection, mais la
loi a-t-elle voulu empêcher le prodigue de disposer de
quoi que ce soit en vue du mariage, même en recevant une compensation, soit pécuniaire, soit morale,
ou a-t-elle entendu parler des aliénations proprement
dites, ayant pour but unique, de satisfaire les goûts
de lucre du prodigue.

Nous penchons pour la seconde hypothèse.

D'autre part, ceux qui admettent que le prodigue ne
peut en aucun cas, sans l'assistance de son conseil
faire de donation par contrat de mariage, ce qui veut
dire pour eux aliéner, sont bien obligés de reconnaître qu'il y a au moins un cas ou l'aliénation est
admise.

Personne ne conteste que le prodigue puisse se
marier seul sans l'assistance de son conseil. Or, quel
va être le régime matrimonial auquel il sera soumis
s'il n'a pas fait de contrat de mariage ? Suivant la
presque unanimité des auteurs et la jurisprudence, il

sera marié sous le régime de la communauté légale (1).
L'article 1393 est en effet formel.

Ne voit-on pas qu'ici il peut y avoir aliénation si le prodigue possède des valeurs mobilières qui tombent dans la communauté, par le seul fait du mariage (art. 1401).

Enfin si le conseil judiciaire peut s'opposer aux stipulations convenues entre les parties et qui sont fréquemment la condition du mariage lui-même, la liberté du mariage se trouve entravée.

A cette objection, M. le Procureur général Ronjat répond :

« On confond ici la liberté du mariage et la liberté du contrat ».

« Le mariage est entièrement libre quand on n'est
« pas obligé d'épouser une personne qu'on n'agrée
« pas, et qu'on est pas empêché d'épouser la per-
« sonne qu'on a choisie et qui consent au mariage ».

« Personne ne peut obliger un prodigue à se
« marier, ni s'opposer au mariage qu'il veut con-
« tracter. — Le prodigue est donc absolument libre
« quant au mariage ».

(1) *Sic.* Limoges, 27 mai 1867. — Caen, 20 mars 1878. — Paris. 13 juillet 1895-29 avril 1896. — Chardon, n° 270. — Marcadé sur l'art. 1398. — Aubry et Rau, t. I, § 140 et note 24, p. 573. — Valette sur Proudhon, t. II, page 568. — Rodière et Pont. t. I. n° 48. — Laurent, t. XXI, n° 18. — De Folleville, *Cont. de mariage*, t. I, n° 110 *bis* — Piolet, *Com. red. aux acquêts*, p. 38.
Toutefois, Demante, t. II, n° 285 *bis*, enseigne que le prodigue est marié sous le régime de la Communauté réduite aux acquêts.
Demolombe, au contraire, déclare que dans ce cas, c'est le régime de la séparation de biens qui s'applique.

« Il est vrai que si le conseil judiciaire refuse son
« assistance et met ainsi le prodigue dans l'impossi-
« bilité de faire à son futur conjoint les avantages
« qu'il réclame ; ce futur pourra refuser le mariage
« qui lui est offert. Ce qui manquera dans ce cas
« pour la conclusion du mariage ce sera la volonté, le
« consentement du futur conjoint. Le véritable obs-
« tacle au mariage est la liberté qu'a le futur conjoint
« de refuser l'union qu'on lui propose ».

« De semblables refus se produisent tous les jours,
« et jamais on n'a songé à prétendre que la liberté
« des mariages en était supprimée ou diminuée. Il
« arrive très fréquemment que l'un des futurs trouve
« insuffisante la dot de l'autre et met pour condition à
« son consentement que cette dot sera augmentée par
« les parents ou par un tiers. — Dira-t-on que les
« parents ou les tiers qui refusent d'augmenter la dot
« portent atteinte à la liberté du mariage ? »

Nous croyons qu'ici, c'est M. le Procureur général
Ronjat qui fait confusion. Il ne distingue pas, suivant
nous, deux cas, cependant bien distincts, celui où le
concours des volontés des deux futurs époux existe,
et où il est seulement besoin d'une autorisation pour
consacrer cette volonté, et celui où, pour que le concours des volontés s'établisse, il faut un consentement
qui, non obtenu, n'a pu briser les conventions proje-
tées puisqu'elles n'ont jamais été entendues complé-
tement.

Nous nous expliquons :

Il arrive très fréquemment, dit M. Ronjat que l'un

des futurs époux trouve insuffisante la dot de l'autre et met pour condition à son consentement que cette dot sera augmentée par les parents ou par un tiers. L'hypothèse est simple, le consentement de l'un des futurs époux, celui qui demande un supplément de dot n'existe pas ou il existe si l'on veut sous la condition suspensive que la dot sera augmentée. Or, les parents ou le tiers qui se refusent à accomplir la condition exigée, ne portent évidemment aucune atteinte à la liberté du mariage. Sans doute ils empêchent un mariage ou plutôt ils ne font rien pour le favoriser, mais l'intention des futurs époux n'en souffre pas ; l'un de ces futurs époux avait subordonné son acceptation à l'augmentation de la dot, cette augmentation n'a pas lieu, donc le consentement n'a jamais existé et si le mariage ne s'accomplit pas, la seule raison est ce défaut de consentement et non pas le refus des tiers d'augmenter la dot.

Mais l'hypothèse peut être tout autre. Les futurs époux sont d'accord sur leurs conventions matrimoniales ou sur leur mariage, un consentement toutefois est nécessaire à l'un d'eux et ce consentement est refusé. Pourra-t-on ici, dire que celui qui refuse ce consentement ne porte pas atteinte à la liberté du mariage ? Prenons le cas du mineur, qui doit rapporter pour son mariage le consentement de ses parents. Si ce consentement lui est refusé, il est évident qu'il y a là une atteinte à la liberté du mariage, atteinte nécessaire sans doute, et admise par tous, mais enfin atteinte réelle. Or, quand il s'agit du contrat de mariage du

prodigue, nous sommes précisément dans cette seconde
hypothèse. Le prodigue et son futur conjoint sont
d'accord sur les bases de leur contrat, il doit contenir
une donation mutuelle, mais le Conseil judiciaire
refuse son autorisation et le mariage n'a pas lieu.
C'est donc ici, uniquement, le défaut d'autorisation
qui empêche le mariage, et par suite, porte atteinte à
la liberté des futurs époux.

Exiger l'autorisation du Conseil judiciaire pour
autoriser le prodigue à faire une donation dans son
contrat, c'est donc bien, certainement, porter atteinte
à sa liberté.

Doit-on conclure de ce qui précède, qu'il y a lieu
d'admettre la validité des donations, par contrat de
mariage, faites par le prodigue sans l'assistance de son
Conseil judiciaire.

Nous ne le pensons pas, et malgré les objections
qui peuvent être faites à l'opinion admise par la Cour
de cassation, nous croyons que cette opinion est encore
celle qui doit être préférée.

Il faut se souvenir avant tout, que le prodigue soit
faible d'esprit, soit mauvais administrateur, a besoin
d'être protégé spécialement et que le Conseil judiciaire
qui lui a été donné, suppose nécessairement chez ce
prodigue, une faiblesse particulière, ne lui permettant
pas d'envisager les choses avec toute la lucidité d'esprit nécessaire.

Or, quand il s'agit pour le prodigue, d'intérêts aussi
graves que ceux résultant d'une donation irrévocable,
il est impossible que la protection du Conseil judiciaire

lui fasse défaut, cette protection dut-elle plus ou moins porter atteinte à sa liberté.

« On ne comprendrait pas, dit M. le procureur général Ronjat, dans ses conclusions (affaire Niclotte), qu'après avoir donné au prodigue et au faible d'esprit, une protection jugée nécessaire dans les circonstances ordinaires de la vie pour les protéger contre les embûches et contre leur propre faiblesse, après leur avoir interdit d'aliéner, même à titre onéreux et au profit d'indifférents et d'inconnus, au moment où cette protection devient plus nécessaire, où les cœurs les plus fermes s'amollissent, où les intelligences les plus lucides peuvent être obscurcies, où le sentiment prend le plus grand empire sur la raison, cette même protection fit tout à coup défaut, laissant le prodigue et le faible d'esprit à la merci de toutes les séductions, de toutes les intrigues, de tous les calculs intéressés. »

82. — Un cas qui à la vérité, se présentera bien rarement, est celui où le Conseil judiciaire refuserait son assistance sans motif légitime et par simple caprice.

Le prodigue restera-t-il alors complètement désarmé devant ce mauvais vouloir ?

Nullement, car il aura la ressource de s'adresser à la justice et d'obtenir la nomination d'un autre Conseil judiciaire.

CHAPITRE VII

De la quotité disponible entre époux.

––––––––

83. — Les donations faites par les époux l'un à l'autre par contrat de mariage sont comme toutes autres donations soumises à la réduction lorsqu'elles excèdent la quotité disponible.

Le montant de cette quotité disponible est plus ou moins élevé, suivant les cas.

Remarquons d'abord que la quotité dont chaque époux peut disposer pendant qu'il est vivant ne sera connu que lors de son décès.

C'est donc toujours au décès du *de cujus* qu'il faut se placer pour apprécier le quantum de la quotité disponible.

Nous allons maintenant examiner la quotité disponible dans les divers cas qui peuvent se produire.

L'époux donateur ne laisse aucun héritier réservataire.

84. — Si l'époux donateur ne laisse aucun héritier réservataire, c'est-à-dire ni ascendants ni descendants, il peut disposer au profit de son conjoint de l'universalité de ses biens en pleine propriété. Il n'existe en effet aucune raison qui puisse l'empêcher de le faire puisqu'il pourrait donner tous ses biens à un étranger.

L'époux donateur laisse des ascendants seulement.

85. — Dans ce cas il peut donner à son conjoint toute la quotité disponible ordinaire (1), et en outre l'usufruit de la part réservée aux ascendants (article 1094).

Ainsi l'époux donateur a-t-il encore son père lors de son décès. Il pourra dans ce cas donner à son conjoint les trois quarts de sa fortune en toute propriété, et l'usufruit du quart formant la réserve de l'ascendant.

Mais pour que la disposition faite par un époux au profit de son conjoint soit réputée, comprendre l'usufruit de la réserve attribuée aux ascendants est-il nécessaire que l'intention de priver l'ascendant de son usufruit soit formellement exprimée, ou suffit-il que la

---

(1) C'est-à-dire moitié s'il a encore des ascendants dans les deux lignes ou les trois quarts s'il n'a plus d'ascendants que dans une seule ligne (article 915 Code civil).

disposition d'usufruit au profit de l'époux soit constatée et qu'elle ne puisse à raison de son étendue se concilier avec l'usufruit de l'ascendant réservataire ?

On admet le plus généralement qu'il n'est pas besoin que l'intention de priver l'ascendant de l'usufruit soit formellement exprimée (1).

Néanmoins il a été jugé à diverses reprises que l'universalité de la disposition faite par un époux en faveur de son conjoint n'était pas à elle seule une manifestation suffisante de l'intention de priver l'ascendant de l'usufruit de la portion de biens formant sa réserve (2).

Il semble donc plus prudent d'exprimer formellement que l'on entend priver l'ascendant de son usufruit.

86. — Une autre question également très controversée est celle de savoir si l'époux auquel son conjoint fait donation de la portion réservée aux héritiers du donateur peut être dispensé par celui-ci de fournir caution pour assurer la restitution des biens soumis à l'usufruit.

Nous admettrons ici la négative.

L'article 915 établit très nettement un droit pour les

(1) Troplong, t. 4, n° 2557. — Zachariæ, édit. Massé et Vergé, t. III, 460 *in fine* Bonnet, t. III. n° 1028. — Aubry et Rau, t. VII, § 689, p. 257. — Demolombe, t. VI, n° 504. — Colmet de Santerre, t. IV. n° 274 *bis*. 8. —Rion, 16 décembre 1846. — Paris, 30 décembre 1847. — Cassation, 24 avril 1854.

(2) Agen, 28 novembre 1827. — Bastia, 12 janvier 1859. — Toulouse, 24 août 1868. — Cass. 18 novembre 1840.

ascendants d'une partie de la succession. Sous aucun prétexte le *de cujus* ne peut priver l'ascendant de la réserve qui lui est conférée par cet article.

L'article 1094, il est vrai, permet exceptionnellement au *de cujus* de disposer en faveur de l'autre époux, de l'usufruit de la part réservataire de l'ascendant, mais il est impossible de supposer aux rédacteurs de cet article l'intention d'accorder dans le cas spécial qu'il prévoit, la même faveur qu'accorde l'article 601 dans les cas ordinaires d'une constitution d'usufruit.

La différence s'explique tout naturellement entre les deux cas.

Celui qui constitue un usufruit sur une chose dont il a la propriété pleine et entière, et la libre disposition peut évidemment dispenser de fournir caution puisqu'il pourrait disposer de la toute propriété.

Au contraire, celui qui constitue un usufruit sur les biens réservés par la loi à des héritiers légitimes qui ne doivent subir aucune atteinte directe ou indirecte, soit dans leur consistance matérielle, soit dans leur valeur ne peut donner à l'usufruitier une dispense de caution, sans nuire aux droits des héritiers réservataires et violer l'article 915 (1).

---

(1) *Sic*-Proudhon, usufruit n°ˢ 824 et suivants. — Duranton, t. IV, n° 611. — Favard de Langlade, usufruit. — Dalloz. verb. n° 416. — Hennequin, t. II, p. 376. — Ponsot, du cautionnement, n° 408. — Devilleneuve, 2-161. — Marcadé sur l'article 601. — Coin Delisle, Donat. et testam. sur l'art. 1094, n° 12. — Demolombe, t. X, n° 493. — Massé et Vergé, t. II, § 307 et note 16, page 130. — Boileux, sur l'art. 601. — Bonnet, *Disp. par cont de mariage*, t. III, n° 1046. — Bellot, *Revue*

La jurisprudence de la Cour de cassation admet au contraire la validité de la dispense de fournir caution (1).

L'époux donateur laisse des descendants issus de son mariage avec le donataire.

87. — Lorsque l'époux donateur laisse des descendants issus de son mariage avec le donataire, il ne peut donner à son conjoint « que le quart de ses biens en propriété, plus un autre quart en usufruit, ou la moitié de ses biens en usufruit seulement (art. 1094).

A première vue, il semble inutile de dire que le donateur pourra donner la moitié de ses biens en

prat., t. III, n° 567. — Fretel, *Rev. écrit.* t. 21, page 351. — Laurent, t. VI, n° 515. — Boullanger, observ. — Labbé, observ. — Gilbert, n° 7. — Nancy, 21 mai 1825. — Douai, 20 mars 1833. — Paris, 9 nov. 1836. — Bourges, 29 juin 1841. — Toulouse, 27 novembre 1841. — Rouen, 24 février 1842. — Douai, 18 mars 1842. — Rouen, 17 février 1844. — Orléans, 23 février 1860. — Montpellier, 19 novembre 1857.

(1) *Sic*-Delaporte Pandect franc, t. IV, page 584. — Massé, *Parfait notaire*, t. 1, p. 199, 6me édit. — Demante, t. II, n° 442 *bis*, — Troplong, donat. et testam. t. IV, n° 2576. — Aubry et Rau, t. VII, § 679, p. 166 et note 6. — Saintespès. — Lescot donat. t. 5, n° 1774. — Orléans, 19 décembre 1822. — Rouen, 13 juin 1840. — Pau, 24 août 1835. — Cass. 17 mai 1843. — Limoges, 8 août 1843. — Paris, 2 mai 1845. — Limoges, 9 juillet 1846. — Paris, 19 décembre 1846 et 3 juillet 1847. — Bordeaux, 12 avril 1851 et 16 août 1853. — Rouen, 2 février 1855. — Paris, 7 avril 1858. — Pau, 19 janvier 1860. — Cass. 26 août 1861 et 12 mars 1862. — Bourges, 16 décembre 1862. — Pau, 2 juin 1862. — Nancy, 4 mars 1873. — Pau, 3 juillet 1876. — Cass. 5 juillet 1876, — Toulouse, 1er février 1877.

usufruit après avoir énoncé qu'il peut donner un quart
en propriété et un quart en usufruit, donation évidemment plus étendue que la première. Cette disposition
de la loi peut cependant s'expliquer ; on a voulu
empêcher ici que le donateur n'évalue en usufruit le
quart en propriété qu'il est autorisé à léguer, et qu'il
ne donne par exemple à son conjoint les 3/4 en usufruit jugeant que 2/4 en usufruit équivalent à 1/4
en propriété.

L'article 1094 apporte une dérogation à l'article 913
ainsi conçu : « Les libéralités, soit par acte entre-
vifs, soit par testament, ne pourront excéder la moitié
des biens du disposant s'il ne laisse à son décès qu'un
enfant légitime, le tiers s'il laisse deux enfants, le
quart s'il en laisse trois ou un plus grand nombre.

La quotité disponible ordinaire, établie par cet
article 913, varie donc suivant le nombre des enfants
laissés par le défunt.

A l'inverse d'après, l'article 1094, la quotité disponible entre époux ne varie point avec le nombre
des enfants (1).

Et il est dès lors facile de voir en comparant les
deux textes que la quotité disponible entre époux, est
tantôt plus étendue, et tantôt plus restreinte que la
quotité disponible ordinaire.

Elle est plus étendue quand le donateur laisse
trois enfants, ou un plus grand nombre puisqu'il ne

---

(1) Nous parlons ici d'après l'opinion la plus commune mais
nous croyons au contraire qu'il y a une distinction à faire suivant le nombre d'enfants.

peut donner à un étranger qu'un quart en pleine propriété alors, qu'il pourra de plus donner à son conjoint, un quart en usufruit.

Elle est plus restreinte lorsque le donateur ne
laisse qu'un enfant, car alors, il peut donner la moitié de ses biens à un étranger, tandis que le conjoint
ne pourra toujours recevoir ici qu'un quart en pleine
propriété et un quart en usufruit.

88. — Ce résultat a semblé inadmissible à certains
auteurs qui ont conclu que l'article 1094 était purement extensif de la quotité disponible ordinaire : on
peut toujours donner à son conjoint autant qu'à un
étranger et parfois quelque chose de plus.

Les conjoints ont-ils 3 enfants, chacun d'eux peut
donner à l'autre, ce qu'il peut donner à un étranger et
en outre un quart en usufruit. L'article 1094 se réfère
uniquement à ce cas.

Les conjoints n'ont-ils qu'un enfant, chacun d'eux
peut donner à l'autre, tout ce qu'il peut donner à un
étranger, c'est-à-dire la moitié de ses biens en pleine
propriété. La quotité ordinaire ayant paru suffisante,
l'article 1094 ne l'étend pas, mais il ne la restreint pas
non plus.

Cette théorie a été magistralement exposée et
défendue par M. Benech, professeur de droit à la
Faculté de Toulouse.

Voici les principaux arguments invoqués :

1° Il est inadmissible que le législateur ait pu ne pas
permettre de donner autant à un époux qu'à un étran-

ger, la qualité de cet époux étant au contraire une raison de permettre plutôt de lui donner davantage.

On a répondu à cela qu'un père usera bien rarement de la faculté que lui donne la loi, mais qu'au contraire il eut été dangereux de lui permettre de faire une telle disposition au profit de sa femme, parce qu'il aurait très facilement usé de cette autorisation.

Cette raison est certainement bonne en règle générale, mais il n'en est pas moins vrai qu'en présence d'un mauvais fils, que le père a de justes raisons d'hexéréder, il est peu logique de voir le père ne pouvoir donner à sa femme peu fortunée, parfois, ce qu'il pourra laisser à un étranger (1).

(1) Les rédacteurs du Code dit Marcadé, étaient des hommes de pratique. — Or, dans la pratique des affaires, on est étonné de voir combien les époux sont enclins à se donner l'un à l'autre, et combien ils sont peu enclins à donner à leurs enfants.

Les conjoints ne sont que trop disposés, même avant de savoir quelle est la quotité dont ils peuvent disposer entre eux, à s'assurer réciproquement pour le survivant tout ce que la loi leur permet de se donner ; en sorte que si on allait jusqu'à leur permettre de se donner la totalité de leurs biens, ils se donneraient souvent cette totalité. — Quelle parcimonie, au contraire envers les enfants! Dans presque tous les contrats de mariage, on a soin, en donnant une dot (aussi petite que possible bien entendu) de dire que cette dot est donnée non pas par les père et mère conjointement, non pas par tel des deux qui se trouve plus riche que l'autre, mais par l'un des époux que l'on ne connaît pas et qui ne sera connu que plus tard, c'est-à-dire par celui qui se trouvera mourir le premier, afin que cette dot soit prise en entier sur la succession et que le survivant n'ait pas à y contribuer. Quel luxe de précautions contre les enfants au profit du conjoint !

Et c'est en face de ces faits que l'on se plaint de voir le

2° L'article 902 déclare que toutes personnes peuvent donner ou recevoir si elles n'en sont déclarées incapables par la loi, d'un autre côté l'article 913 dit que les libéralités ne pourront excéder la moitié, le

législateur restreindre dans de justes limites le disponible, entre époux, en présence d'enfants, mais en vérité le conjoint survivant est-il donc si malheureux, même dans ce cas d'enfants, et n'est-ce pas assez pour lui de pouvoir réunir à sa fortune particulière) qu'il conserve intacte au moyen de l'imputation des dots sur la succession du prémourant) la jouissance pendant toute sa vie de la moitié des biens de l'autre, plus un quart de propriété ? Quand le père qui a gagné conjointement avec sa femme une fortune de 12.000 francs de rentes meurt, laissant deux enfants et en donnant à sa femme ce que permet l'article 1094, n'est-ce pas assez pour la veuve seule et sans charges de conserver un revenu annuel de neuf mille francs, alors que chacun des enfants, souvent chargé d'une jeune famille, n'en aura que quinze cents ?

Nous sommes prêts à reconnaître avec Marcadé, cette tendance qu'ont les époux à s'avantager entre eux, mais souvent, c'est uniquement dans la crainte de laisser le survivant dans la gêne ou le besoin, presque jamais dans le seul but de punir l'enfant.

Marcadé nous parle d'époux ayant gagné une fortune de douze mille francs de rentes, mais ce n'est pas le cas le plus usuel. Il existe un grand nombre de familles d'ouvriers, de petits cultivateurs ou de commerçants peu aisés dont les ressources sont limitées à un revenu de quelques centaines de francs.

Qu'on enlève au survivant des époux une partie de ces revenus et il se trouvera, s'il est âgé ou infirme, dans une situation plus que précaire.

Ici une objection toute prête : « Dans les deux cas, l'époux survivant conservera le même revenu » en effet, supposons un seul enfant, qu'importe que le survivant soit donataire d'un quart en toute propriété et d'un quart en usufruit ou de moitié en toute propriété, il aura toujours la jouissance des 3/4 de la fortune commune et cela est suffisant.

Nous répondrons d'abord : une toute propriété vaut incon-

tiers ou le quart des biens, selon que le disposant laissera un enfant, deux enfants ou davantage : donc, les
époux seront capables de se donner dans ces propor-
tions si aucun texte ne les en déclare incapables. Or ce
texte n'existe pas, car notre article 1094, à la différence des articles 913 et 1098, ne dit pas que l'époux
ne pourra donner que, il dit seulement *il pourra
donner;* il est facultatif et non prohibitif.

M. Valette trouve cet argument concluant, par
contre, Marcadé déclare ne guère en sentir la force.

« L'argument, dit encore Marcadé, laisse la
question pleinement indécise, ou plutôt, c'est le fait
même sur lequel il repose, qui fait naître cette question,
car, c'est précisément et uniquement parce que notre
article dit *pourra* donner que la question s'élève. Si
l'article disait : *l'époux ne pourra donner que,* il n'y
aurait plus de question possible. Le débat ne change
donc pas par cet argument, et il nous reste à rechercher si le législateur, en nous indiquant ce que l'époux
pourra donner, n'a pas entendu exprimer tout ce qu'il
pourra donner. »

Et Marcadé, après avoir rappelé les discussions
devant le Conseil d'Etat et le Tribunat, conclut en
disant que le législateur a entendu donner au 2ᵐᵉ alinéa

---

testablement mieux qu'un usufruit et peut-être convertie en
une rente viagère qui donnera un revenu bien supérieur.

Ensuite le plus généralement les donations entre époux sont
faites de la totalité en usufruit. Dans ce cas, l'enfant hésitera
beaucoup plus à demander la réduction s'il doit abandonner 1/2
en toute propriété, que s'il perd seulement 1/4 en propriété et
1/4 en usufruit.

de l'article 1094, un sens absolu et non seulement
facultatif.

A cela, on peut répondre avec M. Benech.

« L'article 1094, contient deux dispositions.

« La première est purement extensive de la quotité
disponible ordinaire, la personne qui a des ascendants
et point d'enfant, peut donner à son conjoint *plus*
qu'elle ne pourrait donner à un étranger.

« Notre article, est donc quant à sa première partie,
une disposition de faveur. Or, s'il en est ainsi, quand
le conjoint donataire se trouve en présence des ascendants de son conjoint, pourquoi en serait-il différem-
ment, quand il est en présence de ses propres enfants ?
Le conjoint, qui a des enfants, mérite-t-il donc moins
de faveur que celui qui a eu le malheur de n'en avoir
point ?

« Ce n'est pas tout. La personne, qui a trois
enfants, peut donner à son conjoint *plus* qu'à un étranger. Si on admet qu'au cas où elle n'a qu'un seul
enfant, elle ne peut point laisser à son conjoint autant
qu'à un étranger, c'est-à-dire la moitié de ses biens
en toute propriété, nous aurons deux règles opposées
l'une à l'autre. Comment expliquerons-nous la première ? Evidemment par la faveur que la loi accorde
au titre d'époux. Et la seconde ? Evidemment par la
crainte des influences qu'impliquent les rapports
d'époux à époux. Or, se peut-il, que dans le même
article et relativement au même objet, la qualité
d'époux soit tout à la fois un titre de faveur et une
cause de défiance.

« Suivons bien l'enchaînement des dispositions de la loi. Le défunt, n'a-t-il ni ascendants, ni aucun enfant ; il peut donner à son conjoint la totalité de ses biens comme à un étranger. A-t-il des ascendants, il peut lui donner *plus* qu'à un étranger. A-t-il trois enfants, il peut encore lui donner *plus* qu'à un étranger. Dès lors, comment admettre qu'il ne puisse point lui donner autant qu'à un étranger, quand il n'a qu'un seul enfant ? Quoi, la loi qui veut que trois enfants, en présence de leur mère veuve, se contentent chacun de moins d'un quart, ne voudrait point qu'un unique enfant se contentât d'une moitié ! Evidemment, elle n'a pu être à ce point inconséquente. »

Nous ajouterons :

Le premier alinéa de notre article, est ainsi que nous l'avons vu, une disposition de faveur. Pour que le deuxième alinéa puisse être considéré comme une disposition de rigueur, il faudrait qu'il y ait antithèse entre les deux paragraphes.

Or, au lieu d'une conjonction qui indiquerait cette antithèse, le mot *mais*, par exemple, les deux paragraphes sont reliés par la conjonction *et*, donc le mot « *pourra* » ne peut être pris au paragraphe deuxième dans un autre sens qu'au paragraphe premier sans dénaturer la pensée du législateur.

Les adversaires de M. Benech lui opposent deux autres arguments.

M. Bigot Préameneu, dans son exposé des motifs de l'article 1094, et M. Jaubert, dans son rapport au

Tribunat sur le même article, s'expriment tous les
deux dans un sens prohibitif.

L'époux qui a des enfants ne pourra, disent-ils,
donner à son conjoint qu'un quart en propriété et un
quart en usufruit ou la moitié en usufruit.

Cela n'est pas encore concluant, car ils ne disent
pas un ou plusieurs enfants, et on peut supposer
qu'ils partagent l'opinion de M. Benech.

S'il n'y a qu'un seul enfant, ils appliquent la quotité
disponible de l'article 913, ils n'ont donc pas besoin
d'en parler, si au contraire il y a *des enfants,* alors
l'article 1094 établit une quotité disponible de faveur,
faveur limitée à un quart en pleine propriété, et un
quart en usufruit, c'est alors qu'ils peuvent dire :
« L'époux qui a *des enfants* (bien que jouissant d'une
faveur spéciale), ne pourra donner à son conjoint
qu'un quart en propriété et un quart en usufruit, ou la
moitié en usufruit ».

Le deuxième argument est tiré de l'article 1099,
ainsi conçu :

« Les époux ne pourront se donner indirectement
au-delà de ce qui leur est permis par les dispositions
ci-dessus. Toute donation, ou déguisée, ou faite à
personnes interposées sera nulle ».

« Ou l'évidence n'a plus de clarté ou il faut reconnaître que par ces mots les dispositions ci-dessus,
la loi vise et l'article 1098 et les deux alinéas de
notre article 1094 (1) ».

(1) Mourlon. — Rép. écrites. t. II.

« Il paraît bien difficile d'admettre que ces mots
« les dispositions ci-dessus » ne se réfèrent qu'à
l'article 1098, puisqu'on parle de plusieurs dispositions,
et il n'est pas moins difficile de croire que ces mots se
reportent aux articles 913-916, évidemment trop
éloignés pour qu'on les désigne par les mots ci-dessus.
Il nous semble donc certain que les dispositions dont
le disponible ne peut jamais être excédé sont ni plus
ni moins les deux articles 1094 et 1098 (1) ».

Cet argument n'en est pas un, car il passe absolument à côté de la question, comme nous allons
essayer de le démontrer.

Oui, l'article 1099, sanctionne à la fois l'article 1098,
et les deux alinéas de l'article 1094, mais conclure de
cela que le deuxième alinéa de ce dernier article est
une disposition de rigueur, est commettre une véritable pétition de principe, car pour que le cas qui
nous occupe, c'est-à-dire celui où le donateur laisse
un seul enfant puisse être atteint par l'article 1099,
il faudrait qu'il soit compris dans l'alinéa deuxième
de 1094. Or, c'est précisément ce que nous nions.

Les adversaires du système que nous défendons
disent :

Le deuxième alinéa de 1094 est une disposition de
rigueur, il s'applique même au cas où le donateur
laisse un seul enfant.

L'article 1099 sanctionne l'article 1094.

_____

(1) Marcadé. — Explic. du Code Civil, t. IV.

Donc les époux ne peuvent se donner dans ce cas que la quotité de 1094.

Le raisonnement est parfait, mais il prend sa base précisément sur le point contesté, par suite il n'a aucune valeur.

A cela nous pourrions répondre aussi logiquement.

Lorsque le donateur ne laisse qu'un seul enfant, il peut disposer de la 1/2 de ses biens (article 913), en faveur de son conjoint.

S'il laisse au contraire plusieurs enfants, par faveur pour le titre d'époux, il peut disposer au profit de son conjoint d'un quart en propriété et d'un quart en usufruit ou de moitié en usufruit (article 1094).

L'article 1099 sanctionne l'article 1094 et par suite l'article 913.

Donc les époux ne peuvent se donner que moitié en toute propriété, s'ils ont un seul enfant, 1/4 en propriété, et 1/4 en usufruit, ou 1/2 en usufruit dans le cas contraire.

Cependant dira-t-on peut-être encore, l'article 1099 dit formellement que les époux ne pourront se donner indirectement au-delà de ce qui leur est permis « par les dispositions ci-dessus ».

Or, l'article 1094, parle comme quotité maxima d'un quart en propriété et d'un quart en usufruit.

Cela est vrai, mais comme nous le disons plus haut, il faudrait pour que l'objection portât, que nous admissions que l'article 1094, contient une disposition de rigueur et nous ne l'admettons pas. Dès lors, l'article 1099 ne saurait sanctionner pour nous un cas non prévu.

Supposons une personne charitable, ayant chargé un mandataire de distribuer à certains pauvres, une somme de 10 francs, à certains autres une somme de 100 francs.

Avant cette distribution, elle veut élargir sa libéralité et prescrit que ceux des donataires qui auront des enfants, recevront une somme de 50 francs, sans apporter aucun autre changement à ses intentions primitives.

Enfin, elle envoie une dernière instruction par laquelle elle déclare que sa seconde libéralité ne devra en aucun cas, être dépassée de quelque façon que ce fût.

Que penserait-on du mandataire qui, chargé de cette distribution, dirait à l'un des pauvres ayant des enfants et devant recevoir originairement 100 francs : — Je ne puis vous donner que 50 francs, mes instructions sont formelles, on me dit de verser 50 francs, aux pauvres ayant des enfants.

« Le donataire ne pourrait-il pas répliquer avec raison :

« Les ordres reçus en second lieu, ont pour but « d'étendre la libéralité faite en premier lieu et non « la restreindre. Or, il est évident qu'ils s'appliquent « à ceux de nous, qui devaient recevoir 10 fr., et non « pas à ceux qui, comme moi, devaient toucher 100 fr. « Si au lieu de 100 francs, vous n'en donnez seule- « ment que 50, vous avez une singulière façon de « comprendre l'extension d'une chose.

13

« Et, si le mandataire ajoutait :

« D'ailleurs, vous ne pouvez recevoir plus de
« 50 francs, voyez la dernière instruction qui m'a été
« donnée. Je ne dois, sous aucun prétexte, dépasser la
« seconde libéralité.

« Le donataire pourrait, il semble, lui répliquer :

« Mais, vous ne dépassez aucunement, en me ver-
« sant 100 francs, les ordres reçus en second lieu.
« Ces ordres ne peuvent concerner, que ceux qui,
« primitivement, devaient recevoir 10 francs, et vont
« recevoir 50 francs. Il n'a été aucunement question
« de moi, alors, puisque c'était pour augmenter la
« somme à verser à certains, et que moi je devais
« recevoir antérieurement 100 francs. En me remet-
« tant cette somme, vous vous conformez donc stric-
« tement au mandat reçu. »

Il est facile d'établir l'analogie qui existe entre ce
cas et celui qui nous occupe.

88 *bis*. — Un autre argument invoqué par M. Benech, est celui qui résulte des travaux préparatoires
du Code Civil.

Dans les divers projets préliminaires à l'adoption
du Code, la quotité disponible ordinaire, lorsque le
donateur laissait des enfants, était toujours du quart
en toute propriété, quelque fût le nombre des enfants.

D'autre part, il était dit que l'époux pourrait donner à son conjoint, ce même quart en toute propriété,
plus un quart en usufruit.

Au moment de la rédaction du Code Civil, l'article 1094, ne fut pas modifié, mais la quotité disponible ordinaire fut au contraire modifiée et subordonnée au nombre des enfants laissés par le donateur (article 953).

Voici donc l'argument de M. Benech :

« Puisque les rédacteurs du Code, dit-il, n'ont écrit l'article 1094, que pour étendre au profit des époux, le disponible ordinaire, puisqu'ils voulaient que l'époux pût toujours obtenir plus qu'un étranger, ils ont donc entendu faire profiter cet époux des augmentations qu'ils ont apportées plus tard, au disponible ordinaire, et s'ils accordent ici, à cet époux, un quart en propriété, plus un quart en usufruit, pour tous les cas possibles, c'est-à-dire alors même que l'étranger ne pourrait avoir que le quart en propriété, ils sous-entendent forcément qu'il pourra recevoir aussi le tiers ou la moitié en propriété, dans le cas où l'on peut les donner à un étranger ».

On a cru répondre victorieusement à cet argument en disant que les auteurs des projets antérieurs au Code, voulaient donner à l'époux plus que ce qu'on donnait actuellement aux étrangers, mais non pas plus que ce qui pourrait être accordé aux étrangers, par tous changements postérieurs.

Or, cette prétendue réfutation ne réfute rien du tout, nous pensons même qu'elle rend plus compréhensible la théorie de M. Benech.

En effet, tous les auteurs sont d'accord pour reconnaître :

1° Que primitivement, la quotité disponible devait être d'un quart en toute propriété, quel que fut le nombre d'enfants.

2° Que l'article 1094 augmentait cette quotité ordinaire d'un quart en usufruit au profit de l'époux *quel que fut le nombre des enfants du donateur*.

Si donc l'on admet ces deux propositions, il est impossible de ne pas voir que les rédacteurs du Code, après avoir rectifié la quotité disponible ordinaire et établi le texte de l'article 953, ont dû forcément se rendre compte de la modification qui s'imposait à l'article 1094 du Code civil. Et ce n'est peut-être pas une pure hypothèse que de leur attribuer le raisonnement suivant :

« Nous avons établi en principe, alors que la quotité disponible était d'un quart, que cette quotité serait augmentée d'un quart en usufruit au profit du conjoint. En continuant à appliquer ce principe, nous devons donc, puisque le conjoint doit recevoir dans tous les cas plus qu'un étranger, modifier l'article 1094 et dire que l'époux donataire aura droit indépendamment de la quotité ordinaire en toute propriété à un quart en usufruit. »

Et c'est à ce moment qu'ils ont dû être frappés de l'exagération qu'il y aurait à accorder au conjoint survivant, déjà donataire de moitié en toute propriété, le supplément d'un quart en usufruit. Ils ont donc conservé à l'article 1094 sa rédaction primitive.

Les contradicteurs de M. Benech n'ont donc pas tort en disant qu'on voulait donner à l'époux plus que ce qu'on donnait actuellement aux étrangers, mais non pas plus que ce qui pourrait être accordé aux étrangers par tous changements postérieurs.

Mais cette constatation n'est pas un argument. Est-ce parce que dans certain cas l'époux ne devra pas recevoir plus qu'un étranger, que dans ce même cas il devra nécessairement recevoir moins ?

Ce serait une théorie au moins étrange. Une pareille anomalie ne peut avoir lieu sans texte. Et il importe de remarquer que sur le point qui nous occupe les rédacteurs du Code ont certainement été amenés à revoir l'article 1094 après la modification apportée à l'article 953. Il est donc inadmissible, dans le cas où ils auraient voulu fixer la quotité disponible de l'époux survivant à un quart en propriété et un quart en usufruit, quel que soit le nombre des enfants, qu'ils n'aient pas indiqué clairement leur volonté.

89. — Nous croyons donc en résumé le système de M. Benech, très soutenable et plus en harmonie avec la logique et l'équité que celui de ses adversaires.

Il nous faut ajouter toutefois que la question est actuellement purement doctrinale, la jurisprudence étant unanime pour déclarer que la quotité disponible, fixée par l'article 1094 est le maximum de la disponibilité entre époux (1).

(1) Nimes, 10 juin 1807. — Riom, 8 mars 1842. — Montpellier, 8 février 1843. — Cassation, 3 décembre 1844, 4 janvier 1869. Toullier, t. V, n° 869. — Grenier, n° 584. — Delvincourt, t. II, p. 65. — Duranton, t. IX n° 793. — Vazeille, n° 6. — Prou

90. — Ainsi que nous l'avons vu précédemment, la quotité dont chaque époux peut disposer, n'est connue que lors de son décès.

Par suite, il arrivera fréquemment que les époux, ayant des enfants se feront donation d'une quotité plus forte que le disponible pour le cas où leurs enfants viendraient à prédécéder, sauf à ces derniers à demander la réduction de la donation, s'ils sont vivants au moment du décès du prémourant de leurs père et mère.

Dans ce cas, comment s'opérera la réduction ?

Il y a lieu de distinguer.

La donation comprend la pleine propriété de la totalité des biens.

90 *bis.* — La disposition sera alors réduite à la quotité disponible, la plus forte entre époux, c'est-à-dire, à

dhon usuf., t. I, n° 355. — Guilhon, n°ˢ 259 et suiv. — Rolland de Villargues. — Poujol, n° 4. — Coin-Delisle, n° 5. — Marcadé, sur l'article 1094 et rev. écrit. 1852, t. II, p. 522. — Bayle-Mouillard sur Grenier, note A sur le n° 584. — Troplong. n° 2,559. — Colmet de Santerre, t. IV, n° 274 *bis*, 1 et suiv. — Massé et Vergé sur Zachariæ, t. III, § 460, note 8, p. 158. — Saintespès-Lescot, t. V, n° 1,967. — Bonnet, t. III, n° 1,935 et suiv. Demolombe, t. VI, n°ˢ 499 et suiv. — Mourlon, rep. écrit. t. II, n°ˢ 1012 et suiv. — Beautemps-Beaupré. — Port des biens disp. t. I, n°ˢ 383 et suiv. — Laurent, t. XV, n°ˢ 348 et suiv. — Berteau. — Rev. du not. 1879, n° 5,724.

Contra. — Benech. — Tr. de la quotité disp. entre époux, p. 101. — Valette. — Le droit du 11 mars 1846. — Zachariæ, édit. Massé et Vergé. — Aubry et Rau, t. VII, § 689, note 5. Boutry, Hist. des don. entre époux, p. 406. — Lauth, Quotité disp. entre époux, n°ˢ 115 et suiv.

un quart en propriété et un quart en usufruit. Il est
évident que le donateur a entendu ici faire une donation la plus étendue possible.

La donation comprend l'usufruit de la totalité des
biens.

91. — Il est alors à présumer que l'époux ne voulait donner à son conjoint qu'un usufruit, et par suite,
la donation devra être réduite à la quotité disponible
la plus étendue en usufruit, c'est-à-dire à moitié.

C'est du moins l'opinion qui prévaut en jurisprudence et qui semble la plus logique (1).

Les adversaires de cette opinion prétendent tirer
un argument de l'article 917, donnant la faculté aux
héritiers réservataires au cas de donation ou legs d'un
usufruit ou d'une rente viagère dont la valeur excède
la quotité disponible, soit d'exécuter cette disposition,

(1) Amiens, 15 février 1822. — Bourges, 12 mars 1839. —
Angers, 8 juillet 1840. — Caen, 26 mars 1843. — Orléans,
12 janvier 1855. — Caen, 24 décembre 1862. — Orléans,
15 février 1867. — Cassation, 10 mars 1873. — Orléans,
15 mai 1879.
Levasseur. — Port disp., n° 87. — Proudhon, t. Ier n° 345. —
Coin-Delisle, n° 8, Marcadé, n° 2. — Troplong, n° 2.571. —
Bayle-Mouillard, t. 2, n° 1013. — Aubry et Rau, t. VII, § 689,
note 8. — Demolombe, t. VI, n° 502. — Saintespès-Lescot, t. V,
n° 1971. — Colmet de Santerre, t. IV, n° 274 *bis*, 6. — Fretel
de l'inviol. de la réserve légale, n° 608 et suivants. — Laurent,
t. XV, n° 356. — Pont, rev. du not. 1873, n° 4.298.
Contra. — Benech, p. 435. — Rolland de Villargues, n° 279.
— Coulon, question de droit, t. II, p. 574, dial. 91. — Boutry,
n° 427. — Dalloz, n° 823. — Poitiers, 20 mars 1823.

soit de faire abandon de la propriété de la quotité disponible.

L'arrêt de la Cour de cassation du 10 mars 1873, semble avoir répondu victorieusement à cet argument.

« Attendu, en droit que l'article 917 du Code
« civil, contient une disposition dont la portée est
« limitée par son objet même, que l'option déférée
« par cet article à l'héritier réservataire en présence
« d'une libéralité excessive en jouissance ou viager,
« d'exécuter la donation ou d'abandonner la propriété
« de la quotité disponible, a uniquement pour but de
« prévenir les difficultés d'évaluation auxquelles don-
« nerait lieu la recherche du rapport existant entre la
« valeur d'une libéralité de cette nature, et le montant
« de la quotité disponible, lorsqu'elle n'a été fixée par
« la loi qu'en pleine propriété au perpétuel, que dès
« lors l'article 917, est sans objet, et ne saurait être
« appliqué dans le cas où le législateur a pris lui-
« même le soin de déterminer la quotité disponible en
« jouissance, qu'ainsi a-t-il fait pour le disponible
« entre époux, dans le cas réglé par l'article 1094,
« qu'en effet cet article pose une alternative en
« fixant deux quotités disponibles différentes, dont la
« seconde toute entière en jouissance est établie d'une
« manière principale, aussi bien que la première,
« composée à la fois de jouissance et de propriété, que
« par suite, quand un époux écartant cette dernière
« alternative, donne à son conjoint une valeur qui,
« par sa nature rentre dans celle des deux quotités
« que l'article 1094, fixe en jouissance les héritiers

« réservataires n'ont pas d'option à faire, qu'ils peu-
« vent sans doute, si la disposition est excessive, la
« faire réduire à la mesure du disponible en jouis-
« sance, tel qu'il est déterminé par la loi, mais qu'il
« ne leur appartient pas de recourir au procédé de
« l'article 917, lequel aurait pour effet, soit l'exécu-
« tion de la disposition, ce qui procurerait à l'époux
« gratifié un avantage supérieur à celui que l'ar-
« ticle 1094 permet de lui accorder, soit la transfor-
« mation en perpétuel d'une libéralité faite en viager,
« ce qui serait s'écarter de la volonté du donateur, et
« en changeant l'objet de la donation, méconnaître
« les pensées de prudence et les considérations
« morales et domestiques qui ont pu déterminer son
« choix dans l'alternative établie par la loi ».

Il est à peine besoin de dire que le donateur a
toujours le droit de stipuler qu'en cas de réduction de
la donation universelle en usufruit, cette réduction
s'opérera sur un quart en pleine propriété et un quart
en usufruit.

La donation comprend une rente viagère excédant
ou paraissant excéder la quotité disponible.

92. — Ce cas doit-il être résolu comme le précédent
et doit-on réduire la rente viagère à la moitié des
revenus de la succession ?

C'est l'avis d'un certain nombre d'auteurs qui n'admettent pas le donataire à invoquer l'article 917 pour

demander la conversion de la rente en un quart de pleine propriété et un quart en usufruit (1).

Suivant une autre opinion, le donataire peut récla-mer un quart en propriété et un quart en usu-fruit (2).

Nous ne pouvons admettre ni l'un ni l'autre de ces deux systèmes.

Le second se trouve refuté d'avance par les termes de l'arrêt du 10 mars 1873, cités plus haut.

Quant au premier, il nous semble qu'il ne fait aucune distinction entre un usufruit et une rente viagère, puisqu'il les traite tous les deux de la même façon. Or, la différence est grande.

L'usufruit ne comprend que la jouissance et les revenus d'une chose.

La rente viagère, comprend en outre, la valeur d'une partie du fonds.

Un homme possédant un capital de 10.000 francs, pourra obtenir un revenu de 400 francs, et à son décès, ses héritiers retrouveront le capital en entier. Ce revenu de 400 francs, est un usufruit.

Qu'au contraire, trouvant le revenu insuffisant, il veuille obtenir une rente viagère de 1.000 francs (en supposant qu'il ait 70 ans), cela, lui sera facile, mais alors il lui faudra abandonner de suite, le capital. Chaque rente de 1.000 francs, ne représentera donc

(1) Demolombe, n° 503. — Fretel, n° 613. — Aubry et Rau. — Colmet de Santerre et Pont. — Cassation, 10 mars 1873.

(2) Benech, p. 439. — Boutry. — Dalloz, n° 825. — Proudhon, t. 1er, n° 345. — Coin-Delisle, n° 9.

plus seulement le revenu, mais en outre, une partie du capital.

Si la rente viagère est constituée à titre gratuit, on peut avoir tendance à la confondre absolument avec l'usufruit, et cependant, ce sont deux choses différentes.

Une personne possédant 20.000 francs de capital et 1.000 francs de revenu, ne pourra jamais donner plus de 1.000 francs en usufruit, elle pourra, au contraire, laisser une rente viagère de 1.200 à 1.500 francs.

L'époux qui fait donation à son conjoint, d'une rente viagère, ne lui donne donc pas seulement un usufruit, mais aussi une pleine propriété.

Sans doute, le donataire ne recevra en somme, qu'une jouissance, mais il n'en est pas moins vrai, qu'à l'égard de la succession du donateur, la donation, est aussi une donation en pleine propriété.

Prenons le cas d'une personne ayant 20.000 francs, et léguant une rente viagère de 1.500 francs à un étranger, dira-t-on qu'elle ne dispose pas d'une partie de son capital ?

Eh bien, si cette rente viagère est donnée à un conjoint, pourquoi n'en serait-il pas de même, sauf la réduction dont nous parlerons tout à l'heure.

Or, l'article 1094 ne dit pas que l'époux donataire ne pourra recevoir qu'un quart en propriété et un autre quart en usufruit, ou la moitié de tous ses biens en usufruit seulement.

Il dit, au contraire, que l'époux *donateur* ne pourra donner, que, etc.

Nous concluons donc de cela, que la donation de rente viagère ne pourra dépasser la valeur du quart en propriété et le quart en usufruit de la succession du donateur, mais qu'on ne saurait la réduire à la moitié en usufruit seulement.

Mais alors, dira-t-on, vous adoptez l'opinion que vous avez rejetée tout à l'heure (M. Benech et autres).

Non certes, car nous n'avons pas dit que l'époux donataire de la rente viagère, aurait le droit de demander le quart en propriété et le quart en usufruit des biens de la succession, mais seulement la valeur.

En un mot, c'est à la fois une donation en propriété et jouissance que le donateur a faite, mais c'est une donation en jouissance seulement, que le donataire doit recevoir.

On estimera donc le quart en propriété et le quart en usufruit, dont pouvait disposer le donateur, et c'est sur cette valeur que se calculera la rente viagère.

Ainsi la fortune du défunt est-elle de 40.000 francs, le donataire âgé de soixante ans, et la rente viagère léguée de 2.500 francs.

On estimera d'abord, la valeur du quart en usufruit, soit approximativement 3.600 francs, qui, ajoutée au quart en toute propriété, donnera une valeur totale de 13.600 francs.

C'est sur cette somme que se calculera la rente

viagère, cette rente se trouvera être d'après les tarifs
des compagnies d'assurances d'environ 1,500 fr. (1).

*La donation comprend la pleine propriété du mobi-
lier et l'usufruit des immeubles.*

93. — Dans ce cas, la donation est réductible à la
quotité disponible la plus large en pleine propriété
sur les biens meubles et en usufruit, tant sur les
biens meubles que sur les immeubles (2).

On peut prévoir deux hypothèses.

Les biens meubles sont d'une valeur supérieure au
quart de la succession, le donataire aura droit au
quart en propriété à prendre sur les biens meubles et
au quart en usufruit d'abord sur les biens meubles
restants et ensuite sur les immeubles.

Les biens meubles sont d'une valeur inférieure au
quart de la succession, dans ce cas, le donataire
prendra la totalité des meubles puis exercera son usufruit sur les immeubles, d'abord pour le surplus du
quart en propriété, qu'il n'a pu exercer sur les meubles, et ensuite pour le quart en usufruit.

Ainsi la succession est-elle de 20,000 fr., les meubles d'une valeur de 2,000 fr. le conjoint donataire
prendra en toute propriété 2,000 fr., et exercera son
usufruit sur les immeubles pour une valeur de
8,000 fr. (3).

(1) Troplong, nᵒˢ 2.573 et 2.574. — Saintespés-Lescot, nᵒ 1.971.
— Bonnet, nᵒ 1.041. — Laurent, nᵒ 379. — Rouen, 8 avril 1853.
(2) Cassation, 28 Mai 1852.
(3) Caen, 14 mars 1862.

L'époux laisse des descendants issus d'un précédent
mariage.

94. — L'époux ne peut donner alors à son nouveau
conjoint qu'une part d'enfant légitime, le moins prenant sans que dans aucun cas ces donations puissent
excéder le quart des biens (article 1098).

Ainsi, si un ou plusieurs des enfants ont reçu des
libéralités par préciput, la part que devra recevoir le
nouveau conjoint ne se calculera pas sur la part de
l'enfant préciputaire, mais sur celle de l'enfant qui
recevra le moins.

Le conjoint compte comme un enfant. Il recevra
donc un quart (le maximum) si le donataire a trois
enfants, un cinquième s'il a quatre enfants, etc.

Que faut-il décider lorsque l'époux donateur a fait
successivement plusieurs donations à divers conjoints ?

Dans un premier système, on admet qu'il est permis
de donner successivement à chaque nouveau conjoint
une part d'enfant, pourvu que ces donations réunies
aux donations faites à des étrangers n'excèdent pas la
quotité disponible fixée par l'article 913 (1).

Dans un second système, qui était celui de l'ancienne
jurisprudence et est encore très suivi aujourd'hui, il
faut décider que toutes les donations réunies faites aux

(1) M. Duranton, t. IX, n° 804. — Taulier, t. IV, p. 246.

divers conjoints ne peuvent excéder la part de l'enfant le moins prenant (1).

Enfin un troisième système admet que chaque conjoint successif puisse recevoir une part d'enfant, mais ces donations faites successivement ne doivent jamais dépasser le quart (2).

De ces trois systèmes nous préférons le troisième.

Il est difficile d'admettre en effet avec M. Duranton que les donations faites aux divers conjoints, puissent excéder le quart en raison des termes si formels de l'article 1099.

D'autre part du texte de cet article, il ne semble pas du tout résulter la prohibition de donner à plusieurs conjoints une part d'enfant. Les mots « dans aucun cas ces donations » semblent même indiquer que le législateur a prévu cette hypothèse, car s'il n'avait pas eu en vue plusieurs donations il était plus simple de mettre « L'homme ou la femme... » ne pourra donner à son nouvel époux qu'une part d'enfant légitime le moins prenant sans que cette part d'enfant puisse excéder le quart des biens.

L'article 1099, limitant la part du deuxième conjoint à une part en propriété, sans s'occuper de la quotité

---

(1) Pothier. — Donat. entre-vifs sect. 3. art. 7 § 3. — Toullier, t. V, n° 882. — Merlin. — Grenier, n° 712. — Vazeille, n° 10. — Marcadé, n° 3. — Troplong, n° 2, 720. — Dalloz. — Disp. entre-vifs, n° 873. — Aubry et Rau, t. VII, § 690, note 16. — Massé et Vergé, t. III. § 461, note 33. — Demolombe, t. VI, n. 572. — Laurent, t. XV, n° 387.

(2) Bugnet sur Pothier, t. VI. p. 248 et t. VIII. p. 138. — Demante, t. IV, n° 278. Colmet de Santerre, n. 278 bis. 11.

équivalente en usufruit, il en résulte qu'au cas ou la donation en usufruit faite à ce conjoint, excéderait la quotité disponible, l'héritier n'a que l'option d'exécuter la disposition en entier, ou d'abandonner au conjoint donataire, le disponible en pleine propriété (1).

Il faudrait pour que la réduction eut lieu, en usufruit seulement, que le donateur eut manifesté l'intention claire de ne gratifier son conjoint qu'en usufruit et de la réduire en cas d'excès (2).

CONCOURS DES DEUX QUOTITÉS DISPONIBLES.

95. — Nous venons de voir qu'il existe deux quotités disponibles.

La quotité disponible ordinaire des articles 913 et 915.

Et la quotité disponible exceptionnellement permise par l'article 1094.

Ces deux quotités disponibles, ne peuvent pas évidemment être cumulées, car on arriverait à des résultats inacceptables.

---

(1) Douai, 14 juin 1852. — Bordeaux, 16 août 1853, 3 juillet 1855, 22 juillet 1867. — Paris, 7 janvier 1870, — Mamers, 30 août 1870. — Angers, 22 février 1872. — Nancy, 4 mars 1873. — Cassation, 1er juillet 1873. — Bastia, 17 janvier 1876.
Proudhon usuf. t. I, no 346. — Benech, p. 440. — Troplong, no 2.731. — Aubry et Rau, t. VII, § 684 *bis*, note 10. — Bonnet. t. III, no 1093. — Demolombe, t. II, no 463. — Fretel, de la réserve légale, nos 606 et 607. — Laurent, t. XV, no 402.
Contra. — Caen, 10 décembre 1859. — Devilleneuve.

(2) Cassation, 1er juillet 1873, — Orléans, 6 août 1874. — Bastia, 17 janvier 1876.

Si par exemple, le défunt laisse un seul enfant, l'admission du cumul des quotités, aurait pour résultat de permettre la disposition de moitié des biens du défunt, au profit d'un étranger (article 913) et d'un quart en propriété et un quart en usufruit, au profit du conjoint (article 1094).

Il resterait un quart en nue propriété pour la réserve de l'enfant, ce qui est inadmissible.

Toutefois, dans certains cas et dans une certaine mesure, le défunt bien qu'ayant des héritiers réservataires pourra néanmoins, disposer tout à la fois au profit de son conjoint et au profit d'étrangers.

Il s'agit donc d'examiner comment on pourra combiner les dispositions des articles 913 et 915, avec celles de l'article 1094.

Nous avons deux hypothèses bien distinctes.

La quotité disponible ordinaire, est supérieure à la quotité spéciale de l'article 1094.

La quotité disponible spéciale de l'article 1094, est supérieure à la quotité disponible ordinaire.

Première hypothèse.

96. — Supposons un époux qui n'a qu'un seul enfant.

La quotité disponible ordinaire (moitié en toute propriété), est ici plus forte que la quotité spéciale de l'article 1094 (un quart en pleine propriété et un quart en usufruit).

Evidemment, cet époux peut disposer de la quotité

14

disponible la plus forte, mais d'autre part, il ne peut rien donner à son conjoint au-delà des limites permises par l'article 1094 (1).

D'où il suit, que si le donateur a épuisé la quotité disponible ordinaire au profit d'un étranger, il ne peut plus rien donner à son conjoint.

Au contraire, a-t-il d'abord donné à son conjoint la quotité disponible de l'article 1094, il peut encore donner à un étranger, ce qui reste disponible, c'est-à-dire le quart ou moitié en nue propriété.

97. — Une difficulté se présente : qui peut demander la réduction des libéralités excessives, reçues par le conjoint donataire?

La réponse nous est donnée par l'article 921 du Code Civil.

« La réduction des dispositions entre-vifs, ne pourra « être demandée que par ceux au profit desquels la « loi fait la réserve, par leurs héritiers ou ayant « cause; les donataires, les légataires, ni les créan- « ciers du défunt ne pourront demander cette réduction « ni en profiter. »

Ainsi, Titius a donné à Titia, par son contrat de mariage, dans le cas de survie, la moitié de ses biens. Plus tard, du mariage naît un enfant. Titius réfléchit alors que, d'après l'article 1094, son don ne peut excéder le quart en propriété et le quart en usufruit.

(1) Nous supposons bien entendu que l'on admet ici l'opinion dans laquelle l'article 1094, s'applique même au cas où le donateur n'a qu'un seul enfant.

En conséquence, il lègue à son frère, un quart en nue propriété.

Eh bien ce frère, ne pourra ni agir en réduction contre Titia, ni profiter de la réduction.

Troplong a soutenu que le légataire postérieur avait le droit d'exercer lui-même l'action en réduction contre l'époux donataire.

« Il s'adressera à la femme, dit-il, et il obtiendra au nom de l'article 1094 au nom de la liberté du disposant, que la libéralité dont il est l'objet, reçoive exécution, jusqu'à concurrence de la plus haute portion disponible (1). »

Cette opinion, la seule équitable et logique, ne doit cependant pas être admise, car elle a contre elle le texte formel de l'article 921 (2).

Deuxième hypothèse

98. — Ici la quotité disponible spéciale de l'article 1094 est supérieure à la quotité disponible ordinaire des articles 913 et 915.

Il nous faut distinguer trois cas :

1° La disposition faite en faveur de l'époux est postérieure à la disposition faite en faveur de l'étranger.

2° Les deux dispositions, celle faite en faveur de l'époux, et celle faite en faveur de l'étranger, sont simultanées.

---

(1) Troplong, t. IV, n⁰ˢ 2.585, 2,589. — *Sic*-Bonnet. t. III. n° 1,133.

(2) Demolombe, t. VI. n° 514. — Baudry-Lacantinerie et Colin, t. II, n° 4,049.

3° La disposition faite en faveur de l'époux, est antérieure à la disposition faite en faveur de l'étranger.

Premier cas. — Paul a donné sa quotité disponible ordinaire. Ayant trois enfants, par exemple, il a disposé en faveur d'un étranger ou de l'un de ses enfants du quart de ses biens. Lui sera-t-il permis de disposer au profit de son conjoint, du quart de ses biens en usufruit?

On l'admet généralement, et avec raison, suivant nous, puisque la quotité spéciale, permise par l'article 1094, n'est pas épuisée.

Pour contester cette solution, on invoque l'esprit de la loi, et on prétend que si le donateur ne donne point à son conjoint la totalité de la quotité disponible, il n'obéit pas aux préoccupations qui ont guidé le législateur, c'est-à-dire de permettre au prémourant d'assurer au survivant une situation équivalente à celle que lui assurait la vie commune, et dès lors on en conclut qu'il n'y a pas lieu d'invoquer l'article 1094.

Cette théorie est assurément fort singulière ; parce que l'époux a eu l'imprévoyance de disposer d'une partie de son patrimoine au profit d'un étranger et qu'il a ainsi déjà réduit les avantages que la loi lui permet d'accorder à son conjoint, il ne pourra plus faire à celui-ci aucune donation, alors que la loi reconnaît ces donations comme étant utiles et en augmente le quantum ordinaire en faveur de l'époux !

Aussi est-elle actuellement généralement repoussée.

Deuxième cas. — Paul, laissant trois enfants, a légué à un étranger la toute propriété du quart de ses biens et à sa femme l'usufruit d'un autre quart.

Ici encore, les libéralités seront intégralement exécutées. En effet, le donateur n'a pas outrepassé ses droits, et il ne saurait être question de réduction.

Troisième cas. — Dans cette hypothèse, la libéralité reçue par l'époux est antérieure à celles qu'ont reçues les tiers.

La jurisprudence décide généralement qu'en pareil cas, c'est sur la quotité disponible ordinaire que doit s'imputer la libéralité reçue par l'époux, et que, par suite, si cette libéralité l'épuise, rien ne reste plus disponible au profit des tiers (1).

Toutefois, lorsque la disposition faite au profit du conjoint, comprend seulement un usufruit, cette opinion peut être discutable. — Ainsi, l'époux a donné par contrat à son conjoint, l'usufruit de la moitié des biens composant sa succession. Il meurt, laissant trois enfants après avoir légué à l'un de ses enfants la nue-propriété du quart de ses biens.

Dans ce cas, divers auteurs ont soutenu que les deux dispositions pouvaient s'exécuter (2).

(1) Cassation, 7 janvier 1824 et 24 août 1846. — 11 janvier 1853, 2 août 1853. — Agen, 10 juillet 1854.

(2) Demolombe, — Don. 6, n° 525. — Aubry et Rau, t. VII, p. 263 § 689. — Baudry-Lacantinerie et Colin, t. II, n° 1058. Voir également. — Riom, 21 mai 1853. — Cassation, 14 juin 1893.

Nous ne le croyons pas, car on arrive ainsi à faire profiter des tiers de l'extension donnée au disponible ordinaire par l'article 1094.

« C'est rien moins qu'exact, repond M. Baudry Lacantinerie ».

« Qu'est-ce donc en définitive que le supplément ajouté par l'article 1094, au disponible ordinaire ».

« Il consiste en dernière analyse, en ce que l'époux donataire peut prendre ou retenir l'usufruit de biens non disponibles. Or, lorsque c'est l'époux qui prend cet usufruit, lorsque c'est sur sa tête, et en sa faveur qu'il est créé, n'est-on pas fondé à prétendre que c'est lui et lui seul, qui profite de l'augmention apportée au disponible ordinaire. »

Oui, sans doute, lorsque la donation faite à l'époux est postérieure à celle faite à un étranger, ou encore lorsque les deux donations sont simultanées ainsi qu'on l'a vu ci-dessus, mais dans notre cas c'est bien différent, le donateur avantage d'abord son conjoint. Veut-il faire profiter celui-ci de la quotité disponible spéciale de l'article 1094, il lui donnera un quart en propriété, et un quart en usufruit ; au contraire prétend-il rester dans les limites ordinaires des libéralités, il lui donnera seulement moitié en usufruit, ce qui équivaut à un quart en propriété.

Et il est facile de voir que les libéralités postérieures ne profiteront qu'aux étrangers et par suite que la quotité disponible spéciale de l'article 1094 n'a point sa place ici.

99. — L'époux, qui a disposé en faveur de son conjoint, de la quotité disponible en usufruit, ne peut plus disposer, lorsqu'il laisse des enfants, d'autre chose que d'une fraction de nue propriété.

Que décider si les libéralités postérieures sont des libéralités en usufruit ?

Dans ce cas, les libéralités postérieures sont inexécutables et le légataire ne peut exiger qu'on lui délivre de la nue propriété, en échange de son usufruit jusqu'à concurrence de ce qui est disponible.

Ainsi jugé par la Cour de cassation, le 14 juin 1893,
« Attendu, dit l'arrêt, que du moment où il n'existe
« dans la quotité disponible aucune valeur d'usu-
« fruit, le legs doit être déclaré caduc, que si pour
« le calcul de la quotité disponible, l'usufruit peut
« être converti en nue propriété, cette conversion
« purement fictive n'est qu'un procédé de calcul,
« qu'elle ne saurait être admise quand il s'agit de la
« délivrance des legs ; qu'en effet les dispositions tes-
« tamentaires sont de droit étroit, qu'elles ne peuvent
« être étendues d'un cas à un autre, et qu'il n'ap-
« partient pas au juge de refaire le testament, à
« l'exécution duquel il est chargé de veiller ».

100. — Il nous reste à examiner un dernier point.

Lorsque des libéralités testamentaires excèdent la quotité disponible, elles doivent, nous dit l'article 926, êtres réduites au marc le franc, c'est-à-dire subir une réduction proportionnelle.

Or, lorsqu'il s'agit de faire subir une réduction à

des libéralités qui ne sont pas soumises à un même maximum, comme celles faites au conjoint et à des tiers, comment cette réduction devra-t-elle être opérée de façon à sauvegarder les droits de tous?

D'après l'opinion la plus générale, le supplément en usufruit ajouté par l'article 1094, à la quotité disponible ordinaire est une faveur personnelle à l'époux, et dès lors pour le cas où ce supplément lui est légué, l'époux doit le prélever d'abord, et la masse sur laquelle la réduction se fait proportionnellement devient pour tous la quotité disponible de droit commun des articles 913 et suivants (1).

(1) Domolombe. — Don. t. VI, p. 540. — Aubry et Rau, t. VIII, p. 270, § 690. — Baudry-Lacantinerie et Colin, t. II, n°s 4.065 et suiv.

CHAPITRE VIII

Responsabilité du notaire rédacteur.

———————

101. — Les notaires ne doivent pas être considérés comme étant les simples rédacteurs des actes et contrats qu'ils reçoivent ; ils sont aussi les guides et les conseillers de ceux qui recourent à leur ministère, et à ce titre, ils peuvent encourir une responsabilité, ils sont passibles de dommages-intérêts pour faute lourde négligence, impéritie.

Dans la matière qui nous occupe, la responsabilité incombant aux notaires est d'autant plus certaine, que leur ministère est obligatoire. S'ils ont été spécialement choisis pour rédiger les conventions matrimoniales des futurs, c'est qu'on leur a supposé des connaissances spéciales à cet effet, il est donc évident qu'en cas de nullité des donations contenues dans le contrat de mariage, le notaire rédacteur est responsable de toutes les conséquences de la nullité des donations, si cette nullité provient de faute lourde ou négligence de la part du notaire.

Indépendamment de ces cas, le notaire peut encore être rendu responsable pour diverses causes que nous allons énumérer.

Compétence. — Vice de forme.

102. — Il y a responsabilité :

Lorsque le contrat contenant la donation est nul pour incompétence, empêchement ou inaccomplissement des devoirs imposés.

Lorsque le notaire instrumente hors de son ressort (1), ou s'il reçoit un acte dans lequel figurent ses parents ou alliés au degré prohibé (2).

Lorsqu'il ne s'est pas conformé aux dispositions de la loi, touchant la capacité des témoins instrumen-

---

(1) On sait que la loi de ventôse an XI, divise les notaires en 3 classes :

1° Ceux qui résident au siège d'une cour d'appel.

2° Ceux qui résident au siège d'un tribunal de première instance.

3° Ceux des autres communes.

Les premiers exercent leurs fonctions dans toute l'étendue de la Cour, les deuxièmes dans l'étendue du ressort du Tribunal Civil (l'arrondissement), et les troisièmes dans l'étendue du ressort du tribunal de Paix (le canton).

(2) Les notaires ne peuvent recevoir des actes, dans lesquels leurs parents ou alliés en ligne directe à tous les degrés et en collatérale jusqu'au degré d'oncle ou de neveu inclusivement. seraient parties ou qui contiendrait quelque disposition en leur faveur (Loi du 25 ventôse an XI, art. 8).

taires ou à la défense de prendre pour témoins, ses clercs ou ses serviteurs.

Lorsque le notaire est suspendu ou destitué.

Lorsqu'il ne s'est pas fait certifier l'individualité d'une partie qui lui est inconnue.

Dans tous ces cas, en effet, le notaire est évidemment coupable, il ne peut pas ignorer, par exemple, qu'il ne doit pas recevoir d'acte en dehors de son ressort, il doit savoir aussi, qu'il lui est interdit de prendre pour témoins, ses clercs ou ses serviteurs. La responsabilité est donc ici encourue, certainement, et en toutes circonstances.

Au contraire, dans les cas suivants qui entraînent la nullité de l'acte, suivant l'article 68 de la loi du 25 ventôse, an XI, le notaire n'est pas responsable de plein droit, les dommages-intérêts qui peuvent être alloués aux parties et leur quotité, dépendent de la nature et de la gravité de l'omission ou de l'irrégularité reprochée au notaire, et sont subordonnées à l'appréciation équitable des tribunaux (1).

Avoir omis de se faire assister d'un notaire en second ou des témoins instrumentaires (2).

Ne pas s'être assuré de la capacité des témoins instrumentaires.

(1) Cassation, 14 mai 1822 et 27 novembre 1837. — Journal du Notariat, n° 9,852. — Duranton, t. IX, 122. — Proudhon, n° 1,518. — Massé, livre 1er chap. XVII. — Defrenois. — Formul. général du notariat.

(2) Colmar, 16 mai 1813. — Lyon, 6 août 1857. — Éloy, 326-598. — Rolland de Villargues, 71-72.

Avoir omis de faire signer une partie ou l'un des témoins instrumentaires, ou le notaire en second (1).

Avoir fait déclarer par le notaire, l'impossibilité pour la partie de signer au lieu de le faire déclarer par la partie elle-même (2).

Avoir oublié ou négligé de signer un acte (3).

Omission de la date de l'acte (4).

Défaut de mention des signatures, spécialement de la mention des témoins instrumentaires (5).

Défaut d'approbation régulière des renvois et apostilles (6).

Lorsqu'un acte a été annulé pour vice de forme reproché au notaire, celui-ci n'est cependant pas responsable si les parties ayant la possibilité de refaire l'acte s'y sont refusées.

C'est ce qui a été jugé par la Cour de Colmar le 16 août 1864.

« Attendu, en principe, dit l'arrêt, que pour qu'il « y ait lieu à dommages-intérêts, il faut le concours

---

(1) Rolland de Villargues, 90-91. — Cassation, 19 août 1845. — 16 mars 1886. — Montpellier, 19 mars 1868. — Riom, 8 décembre 1847. — Bourges, 29 mars 1859.

(2) Carcassonne, 11 juin 1888. — Rep. Défrénois, 4,552.

(3) Bourges, 29 avril 1823. — Cassation. 14 avril 1886. — Éloy. 602, 645. — Rolland de Villargues, 92. — Rep. Defrenois, 3,097.

(4) Rouen, 24 juillet 1828. — Éloy, 398 à 401.

(5) Paris, 25 mai 1826. — Bourges. 28 juillet 1829. — Rouen. 4 mai 1842. — Pau, 5 février 1866. — Rolland de Villargues, 94. — Éloy, 430.

(6) Limoges, 29 juillet 1839. — Caen, 8 Novembre 1854. — Alger, 11 décembre 1861. — Rolland de Villargues, 97. — Éloy, 441, 603, 646.

« de trois circonstances : 1° qu'il y ait faute de la
« part de celui auquel on les réclame ; 2° que le pré-
« judice dont on demande la réparation existe, c'est-
« à-dire qu'il soit certain et appréciable, et 3° que ce
« préjudice soit nécessairement et uniquement le
« résultant ou la conséquence de la faute commise ;
« qu'il ne suffit donc pas dans l'espèce que, par le
« jugement dont est appel, il soit juridiquement établi
« que c'est par la faute de Me X..., notaire, que la
« donation du 3 février 1863 a été annulée pour que
« *de plano* il soit possible d'indemniser les appelantes
« des avantages qui leur étaient assurés par la dona-
« tion annulée, puisque cette faute est susceptible
« d'être réparée par la confection d'une nouvelle
« donation et que si elle l'était, tout préjudice dispa-
« raîtrait. »

Nous concluons de cela, que si le notaire vient à
découvrir, après la signature du contrat de mariage,
un vice de forme, susceptible à son avis d'entraîner la
nullité de la donation qui s'y trouve contenue, il sera
dégagé de toute responsabilité en prévenant les parties
et en se mettant à leur disposition pour recevoir à
nouveau le contrat.

Tout cela bien entendu, dans l'intervalle compris
entre le premier contrat et le mariage.

Incapacité des parties.

Lorsqu'un acte est nul, pour incapacité de l'une des
parties, le notaire n'en est pas responsable, c'est en

effet, aux contractants de s'assurer de la capacité de ceux avec qui ils traitent.

L'obligation imposée aux notaires de faire certifier l'individualité des parties, lorsqu'elle ne leur est pas connue, ne s'étend pas à celle de vérifier leur capacité (1).

Cette règle cesse toutefois d'être applicable, lorsqu'il y a faute lourde imputable au notaire, ignorance grossière des règles essentielles du notariat (2).

Un jugement du Tribunal civil de Moutiers, du 15 février 1894, et un arrêt de la Cour de Chambéry, du 8 juillet 1895, ont tout récemment consacré cette doctrine.

Il s'agissait, dans l'espèce d'une donation faite dans un contrat de mariage à un mineur non autorisé.

La donation, ayant ensuite été annulée, le notaire a été déclaré responsable des conséquences dommageables de la nullité de cette donation, attendu porte le jugement, que le notaire savait, et dans tous les cas ne devait pas ignorer qu'un mineur ne peut contracter mariage (et par suite stipuler au contrat de mariage) sans le consentement de ses père et mère : qu'il devait, par suite du devoir imposé par son ministère, non seulement faire connaître la loi aux parties compa-

(1) Alger, 17 avril 1833.—Paris, 27 novembre 1834. — Riom, 23 février 1843.
(2) Metz, 30 mai 1833. — Bordeaux, 5 août 1841. — Bordeaux, 20 juin 1866.— Orléans, 20 juillet 1867.— Seine, 10 mars 1855. — Paris, 27 janvier 1868. — Cassation, 11 juillet 1881, etc.

rantes devant lui, mais s'y conformer lui-même en
refusant ce ministère pour un acte aussi sacramentel
que celui du mariage qui est incommutable, si les
parties ne se conforment pas à la loi.

Vu par le Président de la thèse,

Léon MICHEL.

Vu par le Doyen,

GARSONNET.

Vu et permis d'imprimer :

Le Vice-Recteur de l'Académie de Paris,

LIARD.

Le Mans. — Imprimerie Ch. Blanchet, 6, rue Gambetta. — 7268

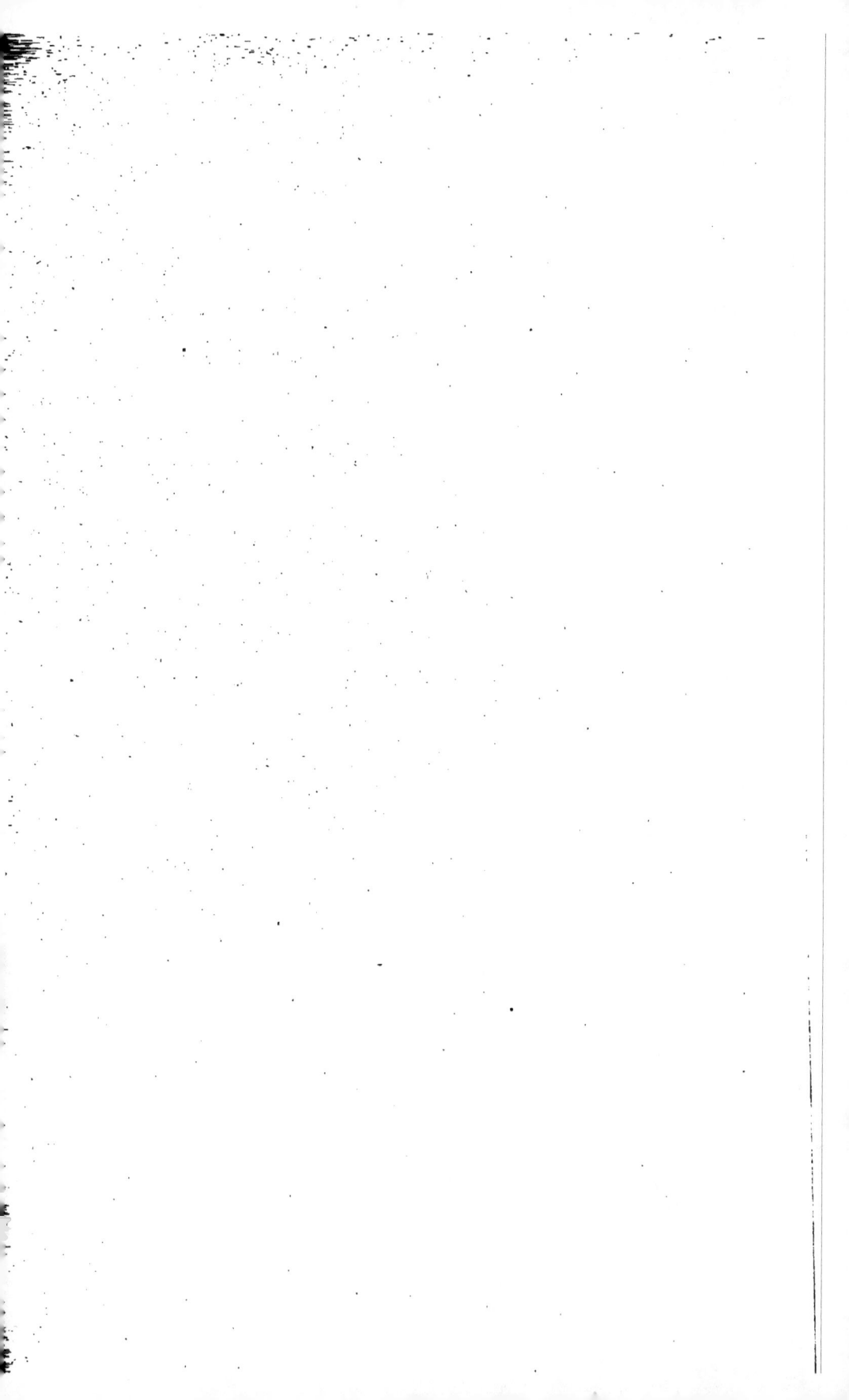

Imp. G. Saint-Aubin et Thevenot. — J. Thevenot, successeur, Saint-Dizier (Hte-Marne)

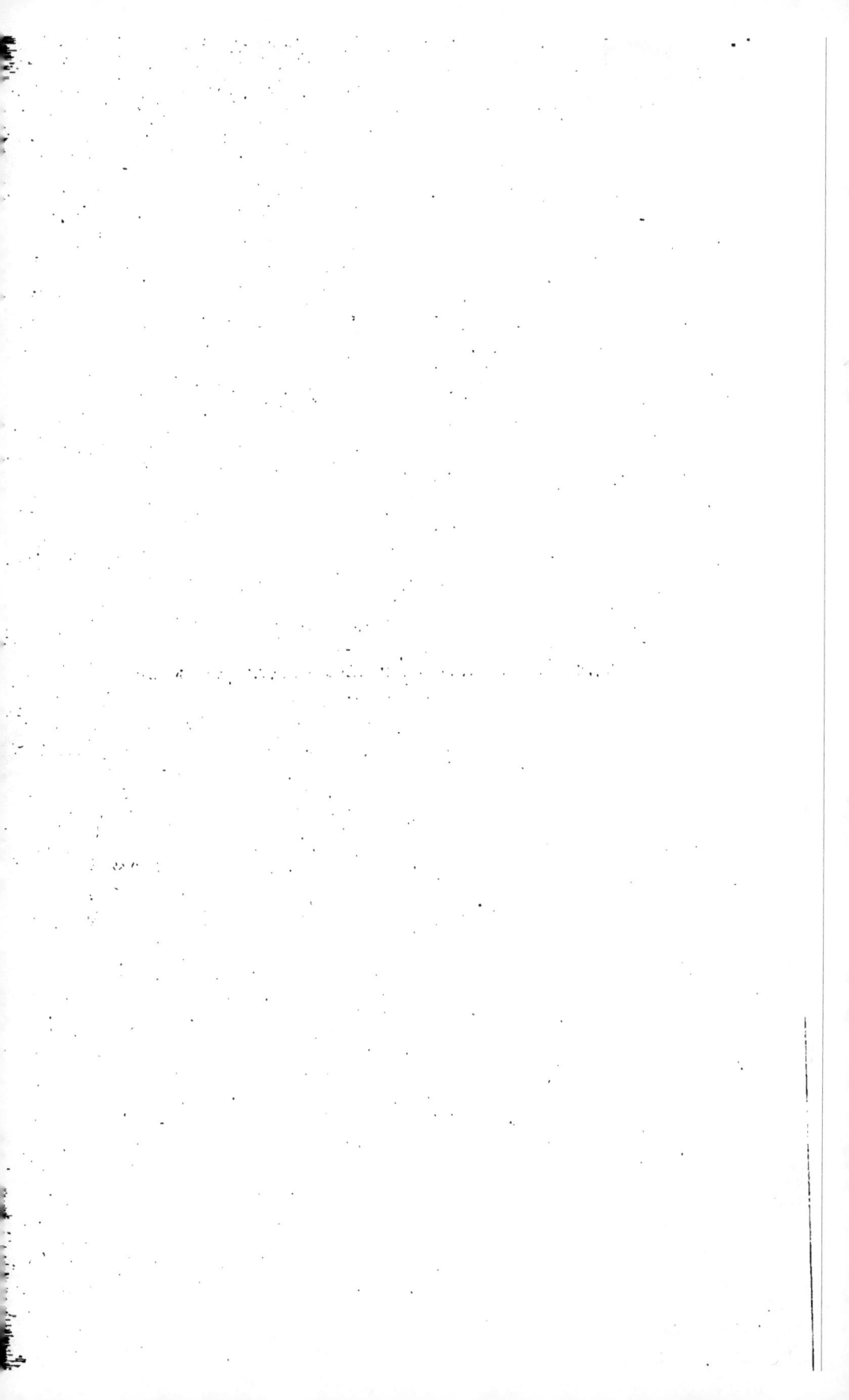

Imp. G. Saint-Aubin et Thevenot. — J. Thevenot, successeur, Saint-Dizier (Hte-Marne),

www.ingramcontent.com/pod-product-compliance
Lightning Source LLC
Chambersburg PA
CBHW070503200326
41519CB00013B/2696